Andreas Raselius / Regensburg

adtführer sind keine Erfindung des 19. und 20. Jahrhunderts. So
stand das erste Werk dieser Art zu Regensburg bereits vor 400
ren. Wer es zur Hand nimmt, taucht ein in die Gegenwart der
hre 1598 und 1599. Geleitet von seinem Reiseführer, Andreas
Raselius – bekannt vor allem als Komponist geistlicher Musik –,
erkundet der Leser vertraute Straßen und Plätze, Kirchen und
Paläste, Stadtmauern und „Antiquitäten" der ehemaligen Reichsstadt Regensburg. All dies geschieht im Rahmen eines Stadtrund-
gangs, dessen besonderer Reiz darin besteht, daß er Vergleiche
mit dem heutigen Stadtbild nicht nur zuläßt, sondern geradezu
herausfordert.
Der Historiker Dr. Peter Wolf hat das handschriftliche Original
in der Bayerischen Staatsbibliothek „ausgegraben", in ein allgemein verständliches Deutsch übersetzt und lädt uns ein, zum
Spaziergang in die Vergangenheit...

Andreas Raselius

Regensburg
Ein Stadtrundgang im Jahre 1599

herausgegeben von Peter Wolf

MITTELBAYERISCHE DRUCK- & VERLAGS-GESELLSCHAFT

Die Deutsche Bibliothek – CIP-Einheitsaufnahme

Raselius, Andreas:
Regensburg : ein Stadtrundgang im Jahre 1599 / Andreas Raselius.
Hrsg. von Peter Wolf. - Regensburg : Mittelbayerische Dr.- und Verl.-Ges., 1999
ISBN 3-931904-62-8

Titelbild:

Flurplan des Gebiets südlich von Regensburg mit Darstellung der Stadtsilhouette; im Vordergrund das Kloster St. Emmeram. Lavierte Federzeichnung um 1585. (Historisches Museum der Stadt Regensburg)

Andreas Raselius.
Regensburg. Ein Stadtrundgang im Jahre 1599.
Herausgegeben von Peter Wolf
© Mittelbayerische Druck- und Verlags-Gesellschaft mbH, Regensburg, 1999
www.mz-buchverlag.de
Umschlag: Anna Braungart
Satz: Vollnhals Fotosatz, Neustadt/Donau
Herstellung: DonauDruck GmbH Regensburg
ISBN 3-931904-62-8

Inhalt

Einleitung

Der erste Regensburger Stadtführer von 1599
von Peter Wolf

Stadtführer sind keine Erfindung des 19. und 20. Jahrhunderts. So entstand das erste Werk dieser Art zu Regensburg bereits vor 400 Jahren. Wer es zur Hand nimmt, taucht ein in die Gegenwart der Jahre 1598 und 1599. Geleitet von seinem Reiseführer, dem Kantor der „des Heiligen Römischen Reichs Freien Stadt Regensburg" Andreas Raselius, erkundet der Leser Straßen und Plätze, Kirchen und Paläste, Stadtmauern und „Antiquitäten". All dies geschieht im Rahmen eines regelrechten Rundgangs, dessen besonderer Reiz darin besteht, daß er Vergleiche mit dem heutigen Stadtbild nicht nur zuläßt, sondern geradezu herausfordert. Viele vertraute Sehenswürdigkeiten finden sich auch hier, so der Dom oder das Alte Rathaus, das einschließlich des „Reichssaales" und der städtischen Amtsstuben beschrieben wird. Aber auch die starken Veränderungen im Stadtbild werden deutlich, etwa der Verlust der Türme der Steinernen Brücke. Die Stadtbeschreibung des ausgehenden 16. Jahrhunderts wird unversehens zur Zeitreise in die alte Reichsstadt Regensburg. Es war eine Stadt von noch größtenteils spätmittelalterlicher Architektur, ein seltsames politisches Gebilde, auf dessen kleinem Territorium, in unmittelbarer Nachbarschaft zum übermächtigen Bayern, nicht weniger als fünf Reichsstände herrschten, protestantische Bürger und katholische Kleriker mehr oder weniger friedlich miteinander auskommen mußten und wo der große Reichstag von 1594 noch lebendig vor Augen stand.

Wer war nun der Verfasser dieser umfangreichen Bestandsaufnahme Regensburgs, die hier erstmals im Druck vorliegt? Es war niemand anderes als Andreas Raselius (Ambergensis), der um 1562/64 bei Amberg geboren wurde und 1602 als kurfürstlicher

Hofkapellmeister in Heidelberg starb. Bis heute bekannt wurde und blieb er vor allem als Komponist geistlicher Musik, auch als Musikschriftsteller. Das entsprach seiner beruflichen Position, arbeitete er doch seit 1584 als Kantor der Neupfarrkirche und zugleich als Lehrer an der Regensburger Lateinschule, dem „Gymnasium Poeticum". Doch nur wenige werden wissen, daß der Musiker Raselius 1598/99 auch eine umfangreiche Stadtchronik mit vorausgehender Stadtbeschreibung Regensburgs verfaßte. Raselius widmete und überreichte diese Arbeit dem Rat der Stadt – vielleicht eine Geste des Danks für den vorausgegangenen Ausbau seiner Studierstube im Gymnasium. Hier jedenfalls ist das vorliegende Werk entstanden, genau am Eck gegenüber der (später erbauten) Dreieinigkeitskirche, dort, wo heute das protestantische Alumneum steht.

Mit diesem Geschichtswerk hat es eine eigentümliche Bewandtnis. Einerseits ist es fast vergessen, andererseits aber in seiner Substanz sogar im populären Geschichtsbewußtsein vieler Regensburger präsent. Wenn heute zum Beispiel die Sage vom „Bruckmandl" erzählt wird, dann geschieht das in fast den gleichen Worten, in denen Raselius die Geschichte überliefert. Wie geht das zu? Gewiß – Stadtchronik und Stadtbeschreibung von Raselius (beide übrigens sowohl in deutscher als auch in lateinischer Sprache vorhanden) wurden nie in ihrer originalen Form gedruckt. Doch über fast 200 Jahre hinweg repräsentierte das Werk den Kern des historischen Selbstverständnisses in der protestantischen Reichsstadt Regensburg. Die Untersuchung der überkommenen Handschriften ergab, daß der Text bis in die Zeit um 1780/90 als aktuelles Geschichtswerk empfunden und immer wieder kopiert, variiert, erweitert und modernisiert wurde, wie über 50 komplette Abschriften und eine fast unüberschaubare Zahl an Auszügen beweisen. Eine Generation nach Raselius überarbeitete der hohe kirchliche Würdenträger Christoph Siegmund Donauer das Werk und setzte die Chronik bis zu seiner Gegenwart (1654) fort. Daher spricht man auch von der Raselius-Donauer-Chronik. Über die Chronisten und Geschichtsforscher des 19. Jahrhunderts, insbesondere über Christian Gottlieb Gumpelzhaimer, fanden viele Details den Weg in aktuelle Darstellungen der Geschichte

Regensburgs. Grundlage all dieser Überarbeitungen blieb aber der Text von Raselius.

400 Jahre nach der ersten Niederschrift ist es an der Zeit, diesen Schlüsseltext für die Regensburger Stadtgeschichte endlich im Druck zugänglich zu machen. Die Anregung für diese Veröffentlichung kam von Professor Dr. Dünninger, dem auch in seiner Eigenschaft als Generaldirektor der Staatlichen Bibliotheken in Bayern zu danken ist. Dem Buchverlag der Mittelbayerischen Zeitung, namentlich Herrn Dr. Färber und Frau Karlstetter M. A., gebührt der Dank, diese Veröffentlichung ermöglicht zu haben. Den Herren Dr. Angerer und Dr. Germann-Bauer vom Historischen Museum der Stadt Regensburg sowie Herrn Dr. Drucker von der Staatlichen Bibliothek Regensburg und Herrn Dr. Dallmeier von der Fürstlich Thurn- und Taxischen Hofbibliothek danke ich für die Bereitstellung der zeitgenössischen Abbildungen. Sie sollen einige der genannten Gebäude in der Form zeigen, in der sie den Lesern der Stadtbeschreibung im frühen 17. Jahrhundert vor Augen standen. Als Textgrundlage dient eine deutsche Abschrift, die kurz nach 1600 entstanden sein dürfte. Die Handschrift wird heute in der Bayerischen Staatsbibliothek München unter der Signatur Cgm 3019 aufbewahrt. Verzichtet wurde auf einen Abdruck der annalistisch gegliederten Stadtchronik. Diese Chronik und ihre Fortsetzung durch Donauer würden einen eigenen Band füllen, dessen Veröffentlichung einem späteren Zeitpunkt vorbehalten bleiben muß.

Ziel des vorliegenden Buches ist es in erster Linie, dem geschichtsinteressierten Leser und Freund Regensburgs das Werk des Raselius in lesbarer Form nahezubringen. Damit stellt sich diese Fassung in die Tradition der vielen späteren Abschriften des Werks – möglichst nahe am Original, dabei aber immer an dessen Verständlichkeit orientiert. Aus diesem Grund wurde eine wirkliche Übersetzung ins Neuhochdeutsche angefertigt. Die Form, die Raselius gewählt hatte, entsprach den literarischen Konventionen seiner Zeit. Es würde dem Charakter des Werks widersprechen, wenn durch Übernahme heute unüblicher Ausdrucksweisen der Eindruck eines altertümlichen Kuriosums entstünde. Dagegen erschien es wünschenswert, die rhetorische Durchformung des Textes beizubehalten, so etwa bei den bisweilen sehr umfangreichen Satzgebilden, die sich an der lateinischen Stilistik orientieren. Besonders charakteristische Ausdrücke des Originals finden sich als wörtliche Zitate in runden Klammern. Zu diesem Mittel wurde auch gegriffen, wenn die Übersetzung nicht ganz eindeutig sein konnte. Namen und topographische Gegebenheiten sind knapp in Anmerkungen erläutert, wo auch weiterführende Literatur genannt wird. Eine ausführliche Interpretation und historische Einordnung der Stadtbeschreibung des Raselius findet sich in meinem 1999 erschienenen Buch „Bilder und Vorstellungen vom Mittelalter. Regensburger Stadtchroniken der frühen Neuzeit".

Der Aufbau des Werks mag heutzutage ungewöhnlich wirken, handelt es sich doch aus moderner Sicht um die Vermischung zweier literarischer Gattungen – einer Darstellung städtischer Geschichte und einer literarischen „Stadtführung". Der gebildete Leser um 1600 wird aber die sorgfältige Gestaltung nach den Regeln der Rhetorik und der humanistischen Bildungstradition erkannt und gewürdigt haben. Raselius erweiterte hier den Formenkanon des auf die Antike zurückgehenden „Stadtlobs" und übertrug es auf Regensburg. Im ersten Kapitel (in der Handschrift die Seiten 1r bis 10r) werden die Namen der Stadt und der sagenhafte Ursprung abgehandelt. Hier steht der Verfasser stark im Schatten der phantastischen historischen Konstruktionen des großen bayerischen Geschichtsschreibers Aventin (Johannes Turmair, 1477–1534). Das zweite Kapitel (10v–12r) enthält eine kurze Zusammenfassung und einen Lobspruch, das dritte (12r–22v) behandelt die Anfänge des Christentums und beschreibt dabei auch den Dom und weitere Kirchen der Stadt. Kapitel vier (23r–35v) ist den Klöstern gewidmet. Erst nach einem Drittel seines Werks kommt der Protestant Raselius im fünften Kapitel (35v–51v) auf die Reformation (1542), die Neupfarrkirche und seine Schule zu sprechen. Nach diesem im weitesten Sinn „geistlichen" Teil findet man im sechsten Kapitel (51v–57v) einige Profangebäude beschrieben. Dann ändert sich die literarische Technik. Denn nun, in der zweiten Hälfte, die von den Kapiteln sieben (57v–68v) und acht (69r–101v) gebildet wird, nimmt der Autor seine Leser gewissermaßen an der Hand und führt sie durch das Regensburg seiner Zeit.

Dieser faszinierende Rundgang ist unzweifelhaft der Höhepunkt des Werks. Der Erzähler erscheint hier im Gewand eines Cicerone, der den Leser persönlich anspricht und immer wieder auffordert, ihm zu folgen. Nun hat Raselius sicher nicht im Sinn gehabt, den reisenden Adeligen und Gelehrten seiner Zeit einen frühen „Baedecker" in die Hand zu geben. Sein Ziel war es, in Form eines nachvollziehbaren Rundgangs Orte der städtischen Topographie zu benennen, an denen sich die große Geschichte der bedeutenden Herzogs-, Königs- und Reichsstadt Regensburg konkretisierte: so etwa angesichts der mächtigen Stadtmauern oder angesichts von Gräbern deutscher Könige und bayerischer Herzöge. Gerade wegen der schwindenden politischen und wirtschaftlichen Bedeutung Regensburgs war es für die städtische Obrigkeit unerläßlich, die herausragende Rolle der eigenen Stadt zumindest als historische Größe festzuschreiben. So ist es auch kein Zufall, daß die Stadtbeschreibung und -chronik von Raselius in der Folge häufig gemeinsam mit stadtpolitisch wichtigen Dokumenten wie Amtslisten oder Verwaltungsordnungen überliefert wurde. Die städtische Herrschaftsordnung konnte so historisch unterfüttert, der Rang der Ratsherren gemeinsam mit dem Rang der kaiserlichen Stadt bestätigt und gegenüber dem übermächtigen Herzogtum Bayern bekräftigt werden.

Heute hat der Text seine politische Dimension verloren. Immer noch aber gehört er zu den wichtigsten Zeugnissen Regensburger Geschichtsschreibung, die erlebbar machen, mit welchen Augen man in früheren Jahrhunderten auf Geschichte und Gegenwart dieser auch damals schon „uralt" wirkenden Stadt sah. So bleibt nur noch, die Leser einzuladen, sich dem in Harmonien und Jahreszahlen gleichermaßen hochgelehrten, dabei elegant plaudernden Professor, Kantor und Komponisten Andreas Raselius, genannt Ambergensis, als Stadtführer anzuvertrauen und durch die vertrauten Straßen der ehemaligen Reichsstadt Regensburg einen Spaziergang in die Vergangenheit zu unternehmen.

Man schreibt das Jahr 1599.

Das erste Kapitel

Von mancherlei Namen der Stadt Regensburg seit alters her und wann sie erbaut wurde

Die uralte und weithin berühmte Stadt Regensburg liegt im Land Bayern, das die Römer früher Raetien und Vindelicien nannten, an der Donau, und trägt bei den Geschichtsschreibern viele Namen. Heutzutage wird sie in deutscher Sprache Regensburg genannt. Diesen Namen hat sie vom schiffreichen Fluß Regen, der aus dem Böhmerwald gen Mittag [in südlicher Richtung] fließt, sich in die Donau ergießt und dort seinen Namen verliert. „Burg" heißt bei uns Deutschen ein festes und wohl verwahrtes Haus oder Schloß, wie es die Fürsten und Herren des Landes besitzen und woraus sie in die Ferne blicken und sich vor Angriffen der Feinde schützen können. Es scheint, daß dies vom lateinischen Wörtlein *porta* oder *portus* herkommt, was zu deutsch nicht nur Tor, Einfahrt, Ein- und Ausgang heißt, weiterhin eine Lände (*anfuhrt*) und große Waren-Niederlage der Kaufleute und ihres Gutes ist, das von fremden Ländern und Orten hergebracht wird, sondern auch Zuflucht und Festung bedeutet, worin man sich gegen Feindesgefahr und Gewalt gesichert aufhalten kann. So erscheint es nicht ganz unpassend zu sagen: Der rechte und alte deutsche Name dieser Stadt sei *Regenfurt* oder *Regensport*, da sich der Regen hier in die Donau ergießt und sowohl auf diesem wie auf der Donau allerlei unentbehrliche Waren (*allerley nott-wendigkeit*) hierher gebracht, auf- und abgeladen und gestapelt werden. Daher haben auch das *portgeding* und der *portfrid* ihren Namen, das sind die Freiheiten, die Gerechtigkeiten und dergleichen, was zu den *porta*, also den Stadttoren gehört. Gewöhnlich wird dazu Burgfrieden und Burggeding[1] geschrieben und gesagt. So nennt man auch noch heute den Sitz des türkischen Kaisers die Pforte (*an der port*).

Nach der Meinung einiger Leute sollte die Stadt besser *Regens-pruckh* genannt werden und zwar wegen eines alten Vorstädtleins, das an diesem Fluß Regen gelegen haben soll. Heute ist es ein Dorf, dessen Bewohner noch immer *die am Regen* heißen. Dieses Dorf soll vor vielen hundert Jahren, wie berichtet wird, eine Stadt gewesen sein, die viel älter als unser Regensburg war. Vom Regen und der Brücke[2], die über den Fluß gebaut wurde und dort noch steht, habe jene Stadt den Namen erhalten, so wie Innsbruck nach dem Inn, Saarburg an der Mosel und in weiteren Fällen Städte ihre Namen von ihren Brücken haben. Das hat etwas für sich (*und ist wol nit ohn*): Vor vielen Jahren war die Brücke über den Regen sehr berühmt, weil sie gut, breit, fest und ganz aus Stein gebaut war. Darüber hin gab es ein großes Fahren und Reiten nach Böhmen, Schlesien und anderen, jenseits der Donau gelegenen Ländern, aus denen man die Waren über die Brücke zur Donau und auf dieser nach Kärnten, Österreich, Ungarn und anderswohin leicht bringen kann. Vor wenigen Jahren, 1573, wurde diese Brücke bei einem starken Hochwasser größtenteils eingerissen und ist heute mit Holz überdeckt. Von der Steinbrücke kann man nur noch wenige Steine sehen.

In einigen Büchern liest man auch, daß der Regen und die umliegende Gegend ihren Namen von Marcus Regulus, einem römischen Hauptmann und *raths freundt* [Konsul] haben soll, der um das Jahr 226 vor Christus in diesem Gebiet eine Stadt erbaut und sie *Regelspurg* genannt sowie als römische Grenzfestung eingerichtet habe. Man liest nämlich bei Polybius und in anderen glaubwürdigen Historien, daß im 525. Jahr nach Erbauung Roms (das entspricht 225 vor Christi Geburt), Marcus Atilius Regulus, Mitkonsul (*burgermeisterlichen ambts mittverwalter*) von Lucius Aemilius Paulus, Bayern durchstreift und wegen seines Kriegsglücks einen Triumph gegen die Gallier gehalten habe. Auch die Donaugauer, also die, die um die Donau herum (*umb das gew oder feldt der Thonaw und des Thonaw-stromb*) wohnen und gemeinhin *Tunckhauer* geschrieben werden, seien um diese Zeit von den Römern bekriegt und ihnen zinsbar gemacht worden. Doch da die Rechnung und Ordnung der *regierenden burgermaister* [Konsulen] Roms nicht bei allen Autoren übereinstimmt und man nicht sicher wissen kann, ob dieser Regulus jemals in unsere Gegend kam, belasse ich diese Aussagen in ihrem Wert oder Unwert.

Auf lateinisch nennt man die Stadt *Ratisbona*. Etliche Leute meinen, dies stamme von den Flößen, auf lateinisch *rates*, aus denen vor dem Bau der Steinernen Brücke gleichsam eine Straße über die Donau geführt worden sein soll. Etliche Leute nennen die Stadt auch *Reginopyrgum* wie Kaiser Karl der Große in den Freiheiten, die er dem Kloster St. Emmeram verliehen hat. St. Willibald, der erste Bischof von Eichstätt, und desgleichen etliche alte lateinische Urkunden nennen sie *Regina*.

In den „Landstraßen des alten Römischen Reichs", wie sie Kaiser Antonius Pius beschrieben hat,[3] liest man, daß die Römer zwei Reichsstädte (*reichstätt*) mit Besatzung hier unterhielten. *Regium* ist heutzutage das Dorf *Rockhing* [Rogging] an der Laber, *Regnium* soll ein alter Burgstall in der *Saleraw* [Saaler Au] an der Donau sein, genannt *Auf dem Ring*. Aus Unwissenheit halten einige Leute diese zwei römischen Städte für Regensburg. Ebenso sind *Reginopolis*, *Hictopolis* und *Imbripolis* erdichtete, aus dem Wort Regensburg abgeleitete Namen. *Polis* heißt Burg oder Stadt; Regen heißt lateinisch *imber* oder *regino*, griechisch *hietos*. Der richtige und ihr entsprechende (*rechte und naturliche*) Name dieser Stadt lautet auf lateinisch *Augusta Tiberii*, das ist *Augustus burckh*, erbaut zu Ehren des Augustus (des zweiten römischen Kaisers) und dessen Stiefsohn Tiberius, der später der dritte römische Kaiser wurde.

Dreizehn Jahre vor Christi Geburt schickte Kaiser Augustus seine beiden Söhne Tiberius und Drusus von Rom in das Land an der Donau. Sie brachten das Land ob dem Lech, heute Bayern, und Schwaben an das römische Reich, erschlugen den Adel, sofern er nicht entfloh, befestigten die bezwungenen Städte und besetzten sie mit Kriegern. Neben anderen Städten bauten oder erneuerten sie auch diese löbliche Stadt und verlegten ausgesuchtes Kriegsvolk (*ein anzall außgeklaubtes kriegsvolckhs*) hierher, nämlich 6000 Soldaten zu Fuß und 500 zu Roß. Wie alte Steininschriften es noch aufweisen, bezeichneten sie diese Soldaten als *legionem quartam Italicam*, die vierte Italische Legion[4] (*die vierte wellische legion*). In alten kaiserlichen Rechtsaufzeichnungen wird dieses Kriegsvolk auch *milites limitanei*, *riparii* oder *riparioli* genannt, das heißt: am Ufer der Donau. Metellus, ein früher bayerischer Dichter[5] vom Tegernsee, schreibt in seinen Reimen und Liedern (wie auch andere), die Leute an der Donau (*Thonawer*) seien von den Alten *ripenses* genannt worden. Dieses Gebiet, das heute jene Teile Österreichs umfaßt, durch die die Donau fließt, wurde in der alten kaiserlichen Kanzlei *Noricum Ripense* genannt, auf deutsch Nordgau (*Norckau*), also das an die Donau grenzende Gebiet (*das geu oder erdreich an die Thonau stossendt*). Daher hat man diese Stadt auch *Colonia Quartanorum* und *Metropolis* genannt, das heißt Hauptstadt der vierten Legion und aller Römer, die an der Donaugrenze Zuflucht gegen die Deutschen gesucht haben.

Einige Autoren, unter ihnen auch Aventin, schreiben, daß die Stadt viele Jahre, bevor sie die Römer in ihre Gewalt gebracht hätten, *Germansheim* genannt wurde, da die *Germani*, das sind die Deutschen, hier oft ihre Reichsversammlungen und Zusammenkünfte abgehalten hätten. Andere wieder meinen, daß der Ort besser *Hermansheim*[6] zu nennen sei, gewissermaßen als Hermanns Heimat. Hermann wiederum war der König der alten Deutschen, ein streitbarer und tapferer Held, Sohn von Istewon oder Marsus, der zu Zeiten des Patriarchen Isaak lebte, im Jahr 2070 nach Erschaffung der Welt, 420 Jahre nach der Sintflut, 1890 Jahre vor Christi, unseres Herrn, Geburt. Von diesem Hermann und um die genannte Zeit soll die Stadt zu Anfang erbaut worden sein, so daß sie viel älter als das zerstörte Troja wäre. Dieser Hermann hat Deutschland 63 Jahre lang regiert und erstmals die deutsche Kriegsordnung eingerichtet. Jährlich schickte er etliche Tausend in den Krieg, während die anderen zu Hause blieben, das Feld bebauten und sich und die anderen ernährten. Im nächsten Jahr mußten diese fort und zwar nicht allein die Männer, sondern auch die Frauen. Wie auch Cornelius Tacitus, ein römischer Geschichtsschreiber (*historicus*) meldet, mußten diese für die Männer kochen, die Verwundeten verbinden und dem Kampf nahe sein, damit die Männer ihr Geheul und das ihrer Kinder hören konnten und dadurch zur Tapferkeit aufgestachelt wurden. Sie glaubten, daß die Seelen der Menschen unsterblich wären und diejenigen Männer, die sich männlich und tapfer verhielten, im Himmel hochangesehen sein würden. Diesem Hermann verdankt ein Sternbild seinen Namen, das man *heerwagen* nennt, das heißt eigentlich „Hermannswagen". Sie glaubten, Hermann säße in diesem Wagen und behüte nach seinem Tod die Deutschen. Es ist sehr wohl möglich, daß Hermann in dieser von ihm erbauten und nach ihm benannten Stadt gewöhnlich Hof gehalten und seinen Untertanen, den alten Bayern, Gesetze gegeben hat. Deren Hauptstadt lag immer hier, wo Regen, Donau und Naab zusammenfließen.

Nach Hermanns Tod übernahm sein Sohn Marsus das Regiment und wurde Herr der Deutschen. Zu diesem sollen aus Ägypten Osiris und Isis gezogen sein, wie einige Leute mitteilen. Dem Marsus folgte Gambrivius, der Kämpfer, diesem Suevo, der der Stammvater aller Schwaben sein soll, und diesem sein Enkel Vandalus oder Wanderer bis zu dessen Tod 1640 vor der Geburt Christi, unseres lieben Herren. Eineinhalb Jahrhunderte später herrschte *Tento* [Schreiberfehler für Teuto] über die Deutschen, der Opfer und andere Gottesdienste in Deutschland einrichtete und zu dessen Lebzeiten der große Prophet Moses geboren worden sein soll. *Tento* übergab das Regiment seinem Sohn Alemannus und starb nach Erschaffung der Welt 2392, also 1572 Jahre vor Christi, unseres Herren, Geburt. Von diesem Alman schreibt man, daß er als Großvater der Bayern stets einen Löwen an einer Kette mit sich geführt und auch in Schild und Wappen getragen habe, weshalb er vom gemeinen Mann der „arge Löwe" (*der arg löw*) oder auch der „Mann mit dem bösen Löwen" (*mit dem bösen lewen*) genannt wurde. Von ihm tragen die Deutschen den Namen Almanni. Auch der Fluß Altmühl soll seinen Namen daher haben. Almann war ein edler und großer Herr und wurde nach seinem Tod zum Gott erhoben. Viele Lieder wurden von ihm gesungen und er galt als deutscher Herkules.

Nach einer Regierungszeit von 65 Jahren übergab er seinem Sohn Boio oder Bayr das Regiment. Dieser übte es 60 Jahre aus und lebte in dem Land, das wir heute Böhmen nennen. So hieß Prag vor Zeiten nach Boio *Boienheim*. Auch andere Orte haben ihren Namen nach diesem Fürsten, wie *Boienthurn* [Boiodurum bei Passau?] und *Boienberg*, heute Bogenberg, *Boierbach* und ähnliches. Dieser Boier schickte zwei Kriegshaufen aus Deutschland nach Asien. Der eine bestand aus lauter Männern, die sich

Cimbros, die Kämpfer, nannten. Der andere bestand aus Weibern, die sie Amazonen nannten, die „Dirnen ohne Männer" (*ohn man mezen oder die mezen ohne manne*). Sie ließen sich in Kleinasien nieder.

Nach Erschaffung der Welt 2516, 1448 Jahre vor Christi Geburt, übernahm Bayrs Sohn, Ingram oder Ingerman, die Macht, regierte 52 Jahre und nannte diese Stadt nach sich selbst *Ingransheim*. Er lebte hier zur Zeit des Richters Ehud von Israel [Richter, III 12–30]. Man besitzt noch alte deutsche Lieder darüber, die vor Zeiten unsere einzigen Chroniken und Geschichtsbücher (*cronickhen und geschicht buecher*) waren. Nach Ingermans Tod ließ diese Stadt den Namen wieder fallen und hieß Germansheim wie vorher.

Etliche hundert Jahre später, als Antiochus das jüdische Land bezwang und zinsbar machte, soll er viele von denen, die sich ihm widersetzten, in die Fremde in dieses Land vertrieben haben. Auch der Prophet Daniel berichtet im neunten Kapitel [Daniel IX,7], daß die Juden zur Zeit ihrer Gefangenschaft in alle Lande zerstreut wurden, auch in ferngelegene. Es kann wohl sein, daß zur Zeit der ersten Zerstörung von Jerusalem viele Juden rechtzeitig geflohen sind, um sich und die Ihrigen zu retten, und sich in unserem Land und in unseren Städten niedergelassen haben. Vor Jahren ließ ein Mönch von St. Emmeram, Christoph Ostrofrancus,[7] ein Büchlein darüber in die Welt hinausgehen, wie die Juden 1519 hier vertrieben wurden und welche Prozesse mit ihnen abgehalten wurden. In eben diesem Buch berichtet er auch, wie er von einem erfahrenen und in alten Geschichten bewanderten Augustinermönch namens Hieronymus Streitel[8] glaubwürdig erfahren habe, daß die Juden seit 1800 Jahren in dieser Stadt wohnten. Dies hat einiges für sich. Die Juden konnten angeblich selbst mit Schriften und alten Zeugnissen dartun, daß sie bereits 1080 Jahre hier hausten. Das sagten sie nämlich vor Kaiser Friedrich III. in Linz aus, als sie gegen die Regensburger kaiserliche Hilfe anriefen. Sie bemühten sich damals sehr, sechzehn ihrer Gesellen das Leben zu retten, die gefangen worden waren, weil sie etliche Christenkinder umgebracht, Brunnen vergiftet und andere böse Taten begangen hatten.

Man erzählte auch (*es ist auch ein gemein sag gewest*) und die Juden haben sich dessen, bevor sie vertrieben wurden, selbst gerühmt: Sie besäßen einen Brief, den ihnen die Juden von Jerusalem in dem Jahr geschrieben hätten, als unser Herr und Heiland litt. Darin wurden sie aufgefordert, sich mit den Juden von Jerusalem zu freuen, denn sie hätten dem Anschlag des Feindes des Mosaischen Gesetzes gewehrt, den Jesus, einen Sohn des Zimmermanns Josef, gegeißelt, mit Dornen gekrönt, verspottet, bespien und ans Kreuz schlagen lassen. Um diesen Brief sollen viele vornehme Leute in dieser Zeit, auch etliche Ratsmitglieder gewußt haben. Der ganze Passionsprozeß, wie sie mit dem Herren Christus verfahren sind, soll dort genau, Punkt für Punkt beschrieben worden sein. Doch haben die Juden diesen Brief mit sich genommen, wie auch ein großes steinernes Stück ihrer Gesetzestafel, von der sie glaubten, sie sei eine derjenigen, die Gott der Herr mit eigenem Finger geschrieben und Moses übergeben habe, der sie später im Zorn zerbrach. Sie sollen auch noch mehr Dinge und Heiligtümer hier gehabt und in diese Stadt als einen besonders sicheren Zufluchtsort gebracht haben. Daraus kann man sehen, daß sie hier lange Jahre gewohnt haben müssen.

Das zweite Kapitel

Ein Lobspruch auf die Stadt Regensburg und was der Leser in den folgenden Kapiteln zu erwarten hat

Die löbliche und weithin berühmte Kaiserliche Freie Reichsstadt Regensburg ist angesichts ihres Ursprungs (*ankunfft*) und ihrer Erbauung die älteste Stadt an der Donau, liegt nach Landstrich und Ort ausgesprochen gut und verfügt über frische und gesunde Luft. Auf einer Strecke von drei Meilen kommen dort vier Wasserläufe zusammen. Oberhalb der Stadt, im Westen (*gegen nidergang*), fließen Laber und Naab in die Donau, unterhalb, an der Stadtgrenze, der Regen. Alle drei Flüsse sind reich an Schiffen (*schiffreich*). In der Laber gibt es gute Fische, Krebse und dergleichen. Die Donau kommt von Westen aus Schwaben, wo sie entspringt, und fließt durch Bayern, Österreich, Ungarn, die Walachei und die Türkei, wo sie ins Schwarze Meer mündet. In der Umgebung gibt es guten (*geschlachten*) und fruchtbaren Boden, Weinbau, gute Viehweiden und ein weit ausgedehntes Getreidegebiet.

Wegen dieser optimalen Lage (*solch herlicher gelegenheit halben*) war die Stadt für das alte römische Reich ebenso wie für das deutsche Kaisertum ein bevorzugter (*furnemer*) und lieber Ort. Für die alten Römer diente er als angesehene Grenzfestung, worin – wie mitgeteilt – zu allen Zeiten ausgewählte Kriegsscharen lagen. Viele der Mächtigen hielten sich hier oft und gerne auf, Kaiser, Könige, Fürsten und andere Herren. Auch dem Heiligen Römischen und Deutschen Reich war der Ort wegen der vielen Vorzüge zu jeder Zeit lieb und angenehm, wie es auch in den Freiheitsbriefen Kaiser Friedrichs II. für die Stadt ausführlich erwähnt wird. Doch mußte die Stadt oft auch vieles ausstehen und erleiden. Von den ungläubigen Ungarn und anderen umliegenden

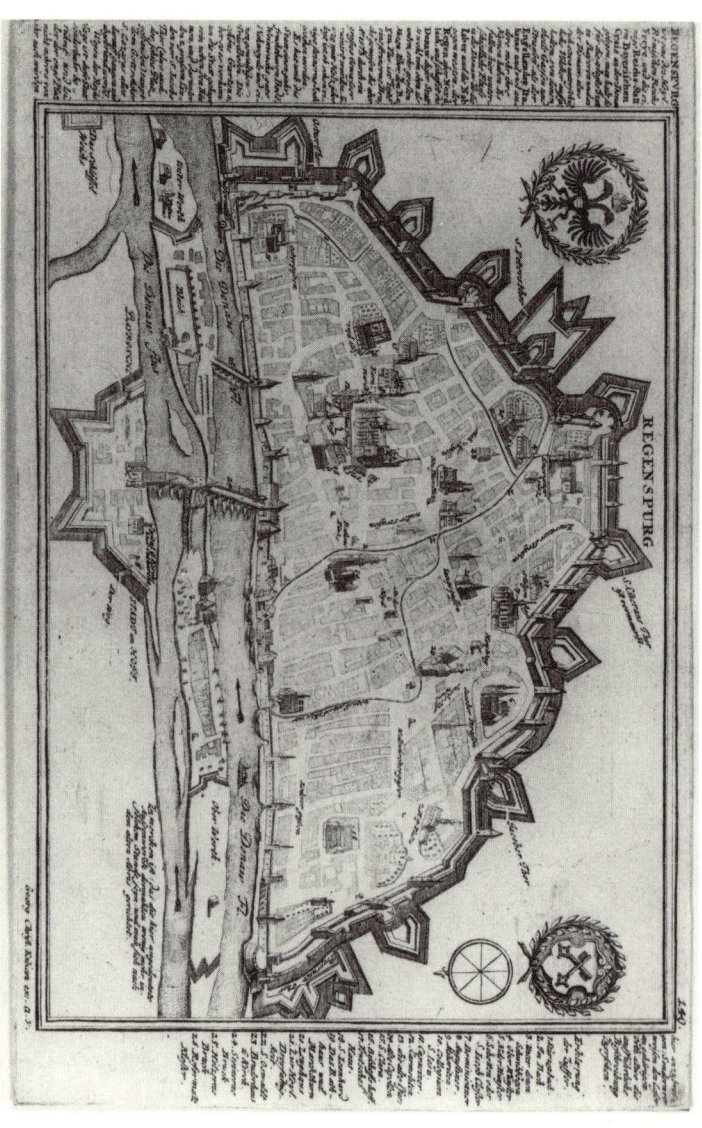

Schematisierter Grundrißplan der Stadt. Kupferstich, 1. Hälfte 18. Jahrhundert. Hervorgehoben sind die Befestigungswerke und wenige wichtige Bauwerke innerhalb des Mauerrings (Historisches Museum der Stadt Regensburg).

Völkern wurde sie oft angegriffen, belagert, geplündert und zerstört, sowie von Feuersbrünsten, Überschwemmungen, Krankheiten und Hungersnöten und anderem schlimm heimgesucht und übel zugerichtet.

Trotzdem kann man hier noch viele vornehme und sehenswerte Gebäude (*furneme und ansehliche gebew*) sehen, sowohl im Rechtsbereich des Bischofs wie in dem der Stadtgemeinde, außer- und innerhalb der Ringmauer, außerdem vier große Hauptkirchen, zehn Klöster, zwei Kirchen der Stadtgemeinde und die dazugehörige Stadtschule, außerdem die Höfe und Paläste der anderen Reichsfürsten und Bischöfe, etliche kunstvolle und alte Gemälde (*kunstreiche und alte gemälde*), Schriften, Bildwerke und dergleichen. Von derartigen Dingen will ich in den folgenden Kapiteln des ersten Teils des Buchs der Reihe nach berichten,[9] wann und durch wen alles erbaut und gestiftet worden sei, ferner, was sich hier in Zeiten des Unfriedens Denkwürdiges zugetragen, wieviel und welche Herren diese Stadt hatte, wann sie zur Freien Reichsstadt wurde, was es hier für Reichsversammlungen und andere fürstlichen Zusammenkünfte gab, wie oft hier Turniere gehalten wurden und dergleichen mehr.

Das dritte Kapitel

Vom Regensburger Bistum und den zugehörigen Stiften. Ferner, wann der christliche Glaube in diese Stadt kam

Wiguleus Hund, ehemals fürstlich bayerischer Rat, schreibt in seinem Buch „Metropolis Salisburgensis",[10] worin er alle Stifte und Klöster in Bayern zusammengestellt hat und dies drucken ließ, im Zusammenhang mit den Bischöfen von Regensburg, die er vom ersten bekannten bis zum letzten, einem Kardinal und Herzog in Bayern[11] aufführt, daß diese Stadt spät zum christlichen Glauben gekommen sei, nämlich erst im Jahr 489 unter Bischof Lupus,[12] dem Römer, den er als den ersten Bischof nennt. Es ist aber kaum glaubhaft, daß eine derart volkreiche und günstig gelegene Stadt, in der römische Kriegsscharen lagen, die mit ihren Obristen und Hauptleuten viele Kriegszüge in Richtung Osten und Westen unternahmen, auch nach Rom zum Kaiser und wieder zurück zogen, so viele Jahre nichts von der Lehre Christi gehört haben soll, wurden doch die Jünger, Nachfolger und Bekenner Christi in den ersten zwei- oder dreihundert Jahren im ganzen Römischen Reich geächtet, verfolgt und grausam gemartert, was den Bewohnern dieser Stadt nicht ganz unbekannt geblieben sein kann. Und dies um so mehr, weil nach dem Wort und der Verheißung Christi, des Herrn, seine heilsame und allein seligmachende Lehre des Evangeliums durch seine Apostel, Jünger und Gehilfen kurz nach seiner Himmelfahrt fast den ganzen Erdkreis erfüllt hat und vor allem überall in den großen freien Reichsstätten (*in grossen freien reichsstätten*) erscholl.

Auch hier wird es seit Gründung der Stadt und deren römischer Besetzung verständige (*vernunfftige*) Leute gegeben haben, die von der christlichen Lehre, dem Glauben, dem Leben und Tod [Christi] gehört hatten, sich darüber Gedanken machten und

Christus als ihren Gott erkannten und sich zu ihm bekannten. Vor allem aber schreiben einige, daß Lucius von Kyrene,[13] dessen in der Apostelgeschichte, Kap. 13 und Römer 16, gedacht wird, der Verwandte, Gehilfe und zeitweilige Reisegefährte des heiligen Apostels Paulus, in diesen Gebieten, die heute Österreich und Bayern genannt werden, das Evangelium predigte, den Donaustrom heraufkam und eben auch in diese Stadt gelangte, was nicht ganz fruchtlos gewesen sein dürfte. Außerdem weiß man aus der passauischen Bibliothek, daß der dortige Bischof *Dominus*[14] dem großen Konzil von Nicäa im Jahr 324 zu Zeiten Kaiser Konstantins beigewohnt habe. In Eugippius' Legende vom Heiligen Severin, die aus der Bibliothek von St. Emmeram stammt und neulich in Augsburg gedruckt wurde,[15] liest man, daß zu Zeiten des Papstes Simplicius um das Jahr 470 (wenngleich etliche das Geschehen den Zeiten des Papstes Gelasius zurechnen, über 24 Jahre später) der erste Bischof in Regensburg Paulinus[16] gewesen sei. Ihm folgte Lupus,[17] von dem die Register der Passauischen Bischöfe schreiben, er sei in der Zeit des Herzogs Dieth I. und des [Papstes] Anastasius im Jahr 508 von ungläubigen Bayern bei der Eroberung dieser Stadt neben anderen erschlagen worden.

Dem sei nun, wie es wolle, so ist doch anzunehmen, daß es hier wie mit allen anderen Dingen dieser Welt zugeht, deren Beginn klein und bescheiden ist. So wird es zu Anfang auch mit diesem und anderen Bistümern geschehen sein und sich sehr einfach und schlicht verhalten haben. Es werden sich einige wenige Menschen mit guter Gesinnung (*guettherzige leutlein*) zusammengeschlossen und ihre Lehrer und Prediger erhalten haben. Es gab da weder eine große Kirche noch eine große Glocke oder anderes großes Gepränge. Die Gemeindevorsteher begnügten sich mit geringem Lohn (*haben sich an einen geringen ersettigen lassen*). Nachdem aber fleißige und gottesfürchtige Bischöfe folgten, die ihr Amt treu versahen und dem Volk sowohl mit rechter Lehre als auch ohne anstößiges Leben (*mit unergerlichen leben*) ein Beispiel gaben, bewegte Gott wiederum etliche Personen hohen und niederen Stands, die durch die Kraft des Worts und das Zeugnis der Schrift dazu gebracht wurden, häufig Beiträge zu leisten, und zur Erhaltung der christlichen Lehre viel stifteten. Die Bischöfe und Lehrer lebten auch nicht herrlich und in Wonne (*waren auch*

nit prechtig oder wollustler) und hielten mehr auf ehrliche Spar-
samkeit und Mäßigkeit denn auf Hoffart, prasserisches und üppi-
ges Leben. So kam es, daß sie mit göttlichem Segen mit der Zeit
immer reicher wurden, wie es Zeitläufte und Historien in unterschiedlicher Weise aufzeigen und beweisen, eben so wie die Stifte
und geistlichen Orden nacheinander aufkamen.

Und wie es mit anderen Kirchen in den ersten 300 Jahren nach
Christi Geburt geschah, so geschah es auch hier, bevor die Römer
aus der Stadt und dem ganzen Land verjagt wurden und Herzog
Dieth III. von St. Rupert im Jahr 540 getauft wurde und zur rechten Erkenntnis göttlichen Willens kam. Denn was sollten die Christen hier für stattliche Gebäude, Stifte und Klöster besessen haben,
da sie kaum öffentlich zusammenkommen konnten, um ihre Religion auszuüben? Denn daß die Verfolgung der Christen und ihre
grausame Pein sich auch bis zu diesem Winkel (um es so auszudrücken) des Römischen Reiches erstreckte, bezeugt noch ein
Platz bei St. Emmeram, den man den Marter-Bühel (*marterbuehl*)
nennt, der jetzt mit dem Hochalter im Chor und der Gruftkapelle
Richtung Osten erbaut und geschmückt ist.[18] An diesem Ort
haben etliche hundert Christen ihr Leben geopfert und sind an
einem einzigen Tag wegen ihres Bekenntnisses zu Christus hingerichtet worden. Zum Gedenken an dieses Geschehnis (*zur
gedechtnus solcher geschicht*) wurde dort von gläubigen Menschen
eine kleine Kapelle erbaut. Als die frommen Christen zur Zeit
Konstantins des Großen aber etwas zur Ruhe kamen und die
großen Verfolgungen einigermaßen aufhörten, sind hier wie auch
anderswo die Götzentempel (*gözenheuser*) gereinigt und zu Pre-
digthäusern (*predigheusern*) gemacht worden. Überall in Bayern
wurden auch Kirchen und Gotteshäuser gestiftet, darunter das
erwähnte Kirchlein, welches erst St. Georg, später dann St. Emmeram geweiht wurde, und das schließlich um das Jahr 783 sogar
zu einem Kloster wurde, wie später mitgeteilt werden soll.

Das Domstift

Ebenso wie andere Bischofssitze, die in ihren Anfängen einfache
und kleine Klöster gewesen waren, gehörte auch das hiesige hohe
Domstift und der bischöfliche Sitz weit über hundert Jahre zu
St. Emmeram. Zu dieser Zeit galt für lange Jahre im regensburgi-

schen Bistum der Brauch und die Regel, daß der Kirchenoberste
(*der oberste der kirchen*) zugleich auch der Abt von St. Emmeram
war. Das galt wohl dem Namen nach, doch ließ die Durchführung
zu wünschen übrig (*Heten woll den namen, allein aber an den
werckhen wolte es immer zue manglen*). Denn als St. Bonifatius
aus päpstlicher Macht und nach den Gesetzen des geistlichen
Rechts das hiesige Bistum aufrichtete, was, wie später zu berichten ist, 723 geschah [richtig: 739], haben beide Seiten wechsel-
weise das Bistum verwaltet, bald einer der Mönche, bald einer der
anderen Geistlichen, der Kanoniker oder Domherren. Der
bischöfliche Sitz verblieb bei St. Emmeram bis zu den Zeiten
Karls des Großen, der ihn in die Stadt transferierte, wie Wiguleus
Hund schreibt. Denn der Bischof und Abt *Adelwein*, der zehn
Jahre regiert hatte,[19] wurde von den fränkischen Kaisern, welche
damals großen Einfluß in Bayern besaßen, beredet, daß er gutwil-
lig auf das Bistum verzichte und dasselbe in die Stadt zur Kirche
St. Stephans, des ersten Märtyrers, verlegen lasse. Die Kirche steht
noch als kleine Kapelle im Kreuzgang.

Aventin schreibt, er habe gelesen, Herzog Tassilo II. sei eifrig
und fromm (*guett geistlich*) gewesen und habe sich der Religion
und des Gottesdienstes sehr angenommen, so daß er sowohl hier
wie in Salzburg die großen Stiftskirchen, die man Dom (*der
thum*), zu deutsch das Haus des Herrn, nennt, grundgelegt und
aufgebaut habe. Dieser Dom wurde später, im Jahr 781, von
Bischof Remigius geweiht, wie einige glauben, ist erstmals 1132
mit allen anderen Kirchen außer St. Kassian abgebrannt – wenngleich einige schreiben, daß dies im Jahr 1152 geschehen sei – und
wurde gemeinsam mit der Steinernen Brücke wieder aufgebaut.
Davon soll im siebten Kapitel die Rede sein.

Bischof Leo, Sohn eines hiesigen Bürgers,[20] hat, nachdem das
genannte Hochstift oder die Domkirche ein zweites Mal verbrannt war und bis zu den Grundmauern vernichtet wurde, im
Jahr 1275 am Abend des St. Georgstages den Grund für den neuen
Dom gelegt, den ersten Stein geweiht, auch den Patron geändert
und den heiligen Apostel Petrus als Hüter des Doms bestellt. Über
zwei Jahre später kam Herr Heinrich II., Graf von Roteneck, der
33. Bischof,[21] baute das Domstift mit großen Unkosten aus und
stellte es im Jahr 1280 fertig. Er ließ zwei große Glocken gießen

und aufhängen, deren eine noch heutzutage die Zwölfboten-Glocke, die andere St. Peters-Glocke genannt wird. Diese wird jeden Freitag um neun Uhr vormittags auf Anordnung Bischof[22] Albrechts III. zum Angedenken des bitteren Leidens und Sterbens unseres Herren geläutet. Nikolaus, der 35. Bischof[23] ließ zusätzlich die dritte Glocke gießen und im Jahr 1326 zu Ehren der Muttergottes Maria weihen. Sie trägt einen lateinischen Vers, dergestalt, als sage die Glocke von sich selbst: *Der heiligen ehr, des donners wehr, der toden mähr.* Wie man das Domstift heutzutage sieht und wie es dasteht, ließ es, nachdem es wieder durch Feuer großen Schaden gelitten hat, Bischof Hans I., genannt der Moosburger[24], im Jahr 1400 zum Teil erweitern. Man sieht sein Wappen, die drei Rosen, noch im Nordturm bei St. Johannes. In der heutigen Gestalt (*auf das muster und form, wie es jezunt ist*) aber vervollständigte Bischof Heinrich IV. von Absberg im Jahr 1482 den Bau, wie die Jahreszahlen bezeugen, die in Steine eingehauen wurden, welche man hier und da am Münster (*am munster*) sieht. Der vierzigste Bischof, Albrecht, ein Staufer[25], begann, den Kreuzgang einzuwölben, was seine Wappen beim Eingang im ersten Bogenschluß über der Tür zum Friedhof bezeugen.

Dieses Bistum regierten 57 Bischöfe. Unter anderem standen ihm folgende auf besonders löbliche Weise vor und wurden wegen ihres heiligen Lebenswandels und ihrer Fähigkeiten (*geschicklicheit*) sehr gerühmt (*sehr beschreit*) und weit und breit bekannt: St. Wolfgang, Erhard, Emmeram, besonders aber Albertus der Große[26], dem zu seiner Zeit an Fertigkeiten und Fähigkeiten (*kunst und geschickhlichkeit*) niemand gleichkam und dessen Lehrkanzel (*lehrstuel*) noch heute im Predigerkloster gezeigt wird.

Johanneskirche

Das Domstift besitzt gleichsam wie eine Mutter beiderseits zwei Töchter oder Filialen. Beim Bischofshof wurde die Kirche St. Johannes erbaut, gestiftet von Bischof Kuno[27] zu Zeiten Kaiser Heinrichs V. um das Jahr 1128. Doch die Kapelle wurde wieder abgebrochen, damit der Dom größer werden konnte. Denn die Johannes-Kapelle stand zunächst gewissermaßen im Vorhof des Stifts, an dem Ort, den man heute zwischen den zwei Altären sehen kann, deren einen Bischof Albrecht der Staufer, bevor er

Bischof wurde, St. Florinus gestiftet hat, deren anderer St. Thomas geweiht ist und von einem Domherren namens *Bärthlme Rebizer* zur Zeit des genannten Bischofs Albrecht gestiftet wurde. Später, im Jahr 1380, wurde die Johanneskirche an dem Ort erbaut, wo sie noch heutzutage steht. Der Ort hieß vordem „auf den Brettern" (*auf den bretern*)[28]. Auf der anderen Seite des Domkirchhofs liegt die alte Pfarrkirche [St. Ulrich], in der Ehen geschlossen, Kinder getauft, auch gepredigt und andere Aufgaben einer Pfarre (*pfahrwerckh*) verrichtet werden.

Die Alte Kapelle

Dieses Stift hat seinen Namen von dem vergitterten kleinen Kirchlein oder der kleinen Kapelle, die noch heutzutage der großen Kirche einverleibt ist, in Richtung des Kornmarkts steht und wohin man unterhalb der Stiege bei St. Michael[29] geht (*und darein man geht unter der stiege zu S. Michael*). Diese Kapelle soll die erste Kirche der hiesigen Christen gewesen sein. Wie die Inschrift dort bezeugt, soll sie St. Rupert im Jahr 554 geweiht haben, der auch Herzog Dieth samt seinen Brüdern und viele Stadtbewohner (*volckhs der stadt*) darin getauft und zum christlichen Glauben bekehrt haben soll. Dieses Stift wurde zu Zeiten Kaiser Heinrichs II., den man den Heiligen nennt, erweitert und stattlich aufgebaut. Das geschah zur Zeit des vierzehnten Bischofs Gebhardt I., Graf von Hohenwart[30], im Jahr 1010. Dieser weihte das kaiserliche Stift auch zu Ehren der Jungfrau Maria.

Da bei diesem Stift des heiligen Rupert gedacht wird, muß ich zugleich auch feststellen, daß es völlig erdichtet und eine reine Fabel ist (*daß ein lautter gedicht und fabelwerckh sey*), wenn einige Leute vorgeben und meinen, diese Stadt sei von Kaiser Karl angegriffen und zum christlichen Glauben gezwungen worden. Dies soll geschehen sein, als er die Tyrannei der Lombarden in Welschland besiegt, ihren König Desiderius gefangen genommen und dann gegen dessen Schwiegersohn (*aydam*), Herzog Tassilo in Bayern und seine Bundesgenossen gezogen sei, die Hunnen besiegt, Tassilo wieder in Gnaden aufgenommen, bei dieser Gelegenheit Regensburg mit Gewalt belagert, mit seinem Pferd einen weiten Satz über das Steinkreuz[31] getan habe, das heute noch vor dem Weih St. Peterstor steht, in den Lüften ein Schwert von einem

Die Alte Kapelle vor der Barockisierung. Lavierte Federzeichnung, 1651 (Historisches Museum der Stadt Regensburg).

Engel empfangen und die Stadt damit bezwungen, bekriegt und schließlich erobert und eingenommen habe. Derartiges haben zuerst die müßigen Schottenmönche (*die muessigen mönch und Schotten*) in Weih St. Peter erfunden und in ihrem Kloster und dessen Kreuzgang aufmalen lassen, nur um den gemeinen Mann zu bereden, sie seien zur Zeit Karls des Großen hierher gekommen und gleichsam hier die ersten *evangelisten* [die ersten Verbreiter des christlichen Glaubens] gewesen.

Herr Hund schreibt am oben genannten Ort, daß die Stadt sehr spät zum christlichen Glauben gekommen sei. Meines Erachtens wäre es besser gewesen, er hätte geschrieben, sie wäre spät und lange Jahre nach Christi Geburt zum päpstlichen Glauben gelangt. Denn neben der Tatsache, daß, wie oben mitgeteilt, Lucius von Kyrene bald nach Christi Himmelfahrt hier das Evangelium gepredigt haben soll, wonach dann in den folgenden 200 Jahren nicht mehr an Christus geglaubt worden sein soll – was schier unmöglich ist – kann man doch aus genauen Geschichtserzählungen (*auß grundtlichen historien*) darlegen, daß im Jahr 480 St. Severin die große Undankbarkeit der Menschen gegenüber Gott, seinem Wort und anderen Wohltaten heftig tadelte und den Untergang und die Zerstörung dieser Stadt vorhersagte, dreißig Jahre bevor sie durch Herzog Dieth I. erfolgte. Darüber hinaus ist auch, als die Römer aus der Stadt und dem ganzen Land verjagt waren und die christliche Religion gänzlich vertilgt und ausgelöscht wurde, diese durch St. Rupert wiederum aufgerichtet und den ungläubigen Bayern hier im Jahre 540 wieder das Evangelium gepredigt worden. Dieser Rupert hat die von den ersten Christen hier entweder erbauten oder vielmehr durch das Ende des heidnischen Götzendienstes erneuerten Kapellen (*durch abtheuung der heidnischen gözendienst reformirte capeln*) nach der Zerstörung und dem Wiederaufbau der Stadt geweiht. Dafür wird er von einigen Leuten nicht unberechtigterweise der Apostel der Bayern genannt. Außerdem läßt sich aus alten Chroniken und Annalen (*aus alten cronickhen und zeitregistern*) nachweisen, daß Emmeram fast 200 Jahre vor der Geburt Karls des Großen den bayerischen Fürsten und Völkern predigte, ferner, daß St. Bonifatius ganz Bayern in Bistümer und Kirchspiele auf Befehl der Herzöge lange vor der Geburt Karls aufgeteilt hat.

In Summa ist es kaum glaubhaft, daß eine derart gewaltige und berühmte römische Reichsstadt (*so ein trefliche und beruhmte römische reichsstadt*), die ihren Namen von Kaiser Tiberius erhielt, so lange Zeit nichts von Christus und dem Evangelium gehört haben soll und kein Lehrer des göttlichen Wortes vor den Zeiten Kaiser Karls hierher gekommen sein soll.

Bei St. Kassian

Wann und von wem diese Kirche gestiftet wurde, habe ich nicht genau erfahren können, außer daß sie vor der Alten Kapelle Pfarrkirche gewesen sein soll, was sie noch ist. Man findet nämlich, daß sie allein übrig und unversehrt blieb, als alle anderen Kirchen mit dem Dom im Jahr 891 vom vernichtenden Feuer angesteckt und bis auf den Grund zerstört wurden, und zwar am 10. August, an welchem auch Jerusalem zweimal angesteckt und in Asche gelegt wurde.

Das vierte Kapitel

Von den Mönchs-Klöstern

St. Emmeram

Im Jahr 642 kam Emmeram, ein Priester aus der Gascogne in Frankreich (*aus Gasconien in Franckhreich*), nach Regensburg, von Herzog Dieth V. gerufen und erbeten. Emmeram predigte das Evangelium und richtete an mehreren Orten in Bayern Gottesdienste ein. Drei Jahre später wollte er, wie man schreibt, in Erfüllung eines Gelübdes, nach Rom ziehen, wurde aber unterwegs ergriffen und kam ums Leben. Dieses Geschehen (*der handl*) hat sich wie folgt zugetragen: Der Herzog besaß eine Tochter namens Uta, die einer zu Fall brachte und schwängerte, den Aventin *Sigboth* nennt und als Hauptmann (*rittmeister*) bezeichnet. Als sie nun zunimmt (*da sie nun groß wirdt*) und sich die Angelegenheit nicht mehr verbergen läßt, erreicht das Gerücht auch den Vater und Herzog. Von ihm befragt, beschuldigt sie Emmeram, weil sie meint, bei einem heiligen Mann sei ihre Schuld geringer und behauptet, er habe die Schande (*den schaden*) verursacht. Ihr Bruder Lamprecht gerät in tolle Wut (*wirdt driber toll und wuettendt*) und will die Schmach rächen, eilt Emmeram nach, wird seiner bei Helfendorf zwischen Isar und Inn habhaft (*erwischet ihn*), und läßt in Grimm und Zorn Emmeram, der sich von der Schuld befreien wollte und die Tat leugnete, nicht ausreden. Seine Gefährten fliehen aus Furcht, Emmeram wird auf eine Leiter gebunden und zerstückelt, Hände und Füße werden ihm abgehauen und er selbst schließlich kläglich umgebracht.

Die Unschuld des Märtyrers wurde, wie man sagt, bald durch das Eingreifen Gottes (*durch sonderliche schickhung Gottes*) offenbar: Die abgeschnittenen Gliedmaßen und der Leib wurden auf ein Schifflein auf die Isar und auf der Isar zur Donau und stromaufwärts bis nach Regensburg gebracht. Da lief bald überall das Gerücht von den Wundern um, die sich beim Leichnam begeben hatten. Es gingen ihm klein und groß, reich und arm, Geistliche und Laien, Frauen und Männer, jung und alt und die Vornehmsten der Stadt und der Herzog selbst entgegen, empfingen ihn mit großen Ehren und geleiteten ihn vor die Stadt zur Kirche St. Georg und begruben ihn dort, wo sein Grab und das darauf liegende große Steinbildwerk[32] (*groß außgehauen steinern bildtnuß*) noch heute zu sehen sind. Damit der Mord einigermaßen abgebüßt werde, schickte Herzog Dieth seine Tochter und ihren Bruder in die Fremde, baute dort [bei St. Georg] zur Kirche ein großes Haus mit verschiedenen Zimmern und Zellen. Alles wurde nach der Regel des heiligen Benedikt eingerichtet.

In kurzer Zeit kamen viele Angehörige dieses Ordens hierher, die begannen, Wissenschaften und Sprachen (*guette kinst und sprachen*), sowie die Heilige Schrift zu lehren und auszulegen. Es entstand dort gleichsam eine Universität und eine Druckerei, wo man nicht nur studierte, sondern auch allerlei gute Bücher schrieb und verkaufte. St. Erhard und sein Bruder St. Hildolf, die später in Regensburg und Trier Bischöfe wurden, sind hier auch in die Schule gegangen und erzogen worden. Das hat ihn [unklar, ob Erhard oder Herzog Dieth gemeint ist] wie auch den Heiligen Emmeram und seine Kirche bekannt gemacht. Der erste Abt und Gelehrte (*professor*) war Apolonius[33], ein Grieche aus Athen, der die Jugend in der griechischen Sprache unterwies und von 697 bis ins Jahr 710 regierte, in welchem er verschied.

Wie oben gesagt, ist der Bischofssitz lange Jahre beim Kloster St. Emmeram geblieben, ehe er in die Stadt verlegt wurde. Man wird wohl annehmen können (*guett zu erachten*), daß es damals nicht so prächtig (*stattlich*) zuging wie heutzutage. Später begann Bischof Simprecht[34] das Stift auf Befehl Kaiser Karls des Großen herrlich und groß zu erweitern, nachdem dieser Kaiser den rebellischen Herzog, seinen Schwager, verjagt und ohne Schwertstreich die Macht in der Stadt und ganz Bayern erlangt hatte. Diese Gebäude standen bis zur Zeit des römischen Kaisers Friedrich I., als sie in der Regierungszeit Abt Albrechts[35] zweimal nacheinander abbrannten, wie man es noch bei der Grabstätte dieses Abtes im Kreuzgang lesen kann. Kaiser Arnulf, der natürliche, mit einer adeligen Frau gezeugte Sohn des in Ötting begrabenen Königs

Karlmann, der [Arnulf] später römischer Kaiser wurde und den die Läuse gefressen haben sollen, hat dieses Kloster erstmals 900 in die Stadtmauer einbezogen, welches zuvor, wie mitgeteilt, außerhalb der Mauer gelegen hatte. Er liegt neben anderen Fürsten, Königen und Kaisern darin begraben. Lange Zeit, bis zu Friedrich I., blieb das Kloster Begräbnisstätte der Herzöge aus Bayern. Was man ferner hier sehen kann, wird später folgen.

Augustinerkloster

Das Augustinerkloster liegt mitten in der Stadt und wurde von den hiesigen Bürgern in dieser Lage erbaut. Zur damaligen Zeit gab es nicht weit von diesem Platz ein Wasserloch (*hulle*), in dem man das Vieh tränkte oder *schwemmte*, wie es noch heutzutage am Jakobshof [heute Bismarckplatz] und beim Bruderhaus [heute Obere Bachgasse] zu sehen ist. Aus dieser Schwemme ergoß sich ein Bach, der durch die Gasse floß. Darüber führte hier ein Steg, den man den Judensteg nannte, weil in dieser Gegend die Juden ihren Bezirk und ihre Wohnungen besaßen. Im Jahr 1255 begab es sich, daß ein Meßpfaffe (*meßpfaff*) an diesem Ort aus Unvorsichtigkeit stolperte und das Sakrament, mit dem er einen Kranken besuchen wollte, um ihn zu versehen, in den Kot fallen ließ. Da wurden die Bürger in ihrer vermeintlichen Andacht der damaligen Zeit (*aus selbiger zeit mitgebrachter vermeinten andacht*) dazu bewegt, den Ort zu weihen. Sie bauten dort zunächst eine hölzerne Kapelle. Im Jahre 1260 wurde die steinerne Kirche erbaut und später immer wieder etwas hinzugefügt, was für ein Kloster notwendig ist. Zu diesem Bau waren zwei Bürger abgestellt, da das Geld dafür von den Bürgern stammte. Der eine hieß Conrad Hillebrandt, der andere wurde Von der Prunleiten genannt. Zu dieser Zeit war hier Albrecht von Bittengaw[36] der Bischof. Im Jahr 1269 erfolgte die Besetzung mit Mönchen. Die Kirche besitzt einen Turm, der aus lauter Quadersteinen vom Grund bis zur Spitze kunstreich (*arttlich und kunstlich*) erbaut ist. Einige Leute geben hiervon das Rätsel auf, wo in der Stadt der Turm sei, der kein Dach habe. Er soll erst im Jahr 1373 erbaut worden sein.

Die Kirche besaß unter dem Dach einen Gang mit einer steinernen, behauenen Brüstung, der ganz herum lief und heute noch teilweise im Osten, über dem Chor, zu sehen ist. Von diesem

Gang haben, als Kaiser Karl V. 1519 zum römischen Kaiser erwählt und dies im ganzen Reich verkündet wurde und auch hier ein Tedeum mit großer Pracht, mit Singen und Klingen, Schießen und Freudenfeuern abgehalten wurde, die Stadtpfeifer den ganzen Tag geblasen. Im Jahr 1521 verbrannte den Mönchen des Klosters ihr Brauhaus. Nicht lange danach wurde die lateinische Schule der Stadt in dieses Kloster gelegt, wie zu seiner Zeit weitläufiger berichtet werden soll.

Bei den Barfüßern

Früher (*vor zeiten*) stand dort ein Kirchlein St. Salvator, das der 28. Bischof, Konrad III., Graf von Frontenhausen[37], den Franziskanern oder Barfüßern einzunehmen bewilligt hatte. Daneben besaßen in nächster Nachbarschaft ihre Schlösser und Hofhaltungen: Graf Albrecht von Bogen und Pfalzgraf Otto, Herzog in Bayern, deren Namen samt dem von Frau *Ludwiga*, Königin in Polen und Kaiser Heinrichs, des römischen Königs und der Stadt Regensburg mitsamt den zugehörigen Wappen noch heutzutage über dem kleinen Türlein Richtung Westen in Stein gehauen und geschrieben sind. Aus diesen Häusern und Höfen wurde das Kloster 1217 oder, wie andere melden, 1276 erbaut und von den obengenannten Personen reichlich beschenkt.

Aventinus schreibt, es liege dort in der Kirche ein Franziskaner begraben, dessen Grab auch noch gezeigt wird, nämlich *Berchtoldt*, ein Sohn Regensburgs (*ein Regenspurger kind*),[38] der wegen seines hervorragenden Lebenswandels und wegen seines besonderen Talents zum Predigen zu seiner Zeit sehr berühmt gewesen und nicht allein von seinen Landsleuten, sondern auch von den Ungarn für einen Heiligen gehalten worden sei. Es sollen sich jeweils über 60 000 Menschen bei seinen Predigten eingefunden haben. Mag das glauben, wer will. Ich vermute, es sind ein paar Nullen oder zumindest eine davon zuviel.

Bei den Predigern

Die Dominikaner- oder Predigermönche erhielten 1216 den Großteil ihres Besitztums von einem Truchseß *von Eckmühl*, der auch in diesem Kloster begraben liegt. Es wurde später von Bischof Seyfridt[39] erweitert, als man das Jahr 1229 zählte, und

St. Blasius geweiht. Man sieht noch heute die Wappen der bürgerlichen Zünfte (*der burgerlichen zunfften*) oder, wie man das zur
damaligen Zeit nannte, der Bruderschaften (*bruderschafften*) und
der Handwerker hie und da in den Fenstern des Kreuzgangs. Ferner zeigt man auch in diesem Kloster die Lehrkanzel (*lehrstuel*)
und den Speiseraum (*revent*) des Wundermannes (*des wunder-
mans*) Albertus Magnus und eine große Anzahl geschriebener
Bücher in der Bibliothek, worin unter anderem auch die Werke
Luthers zu finden sind.

Im Jahre 1592 nahm der Prior des Klosters die zwei eisernen
Kreuze, die auf der Kirche standen, weg und ließ statt dessen im
Osten das päpstliche Wappen von Clemens VIII. und im Westen
den römischen Adler [wohl: Adler des Heiligen Römischen
Reichs] aufstellen. Das päpstliche Wappen wurde aber bald vom
Wind ausgehoben, daß es so aussah, als würde es schief und
krumm hinunter fallen. So mußten sie es wieder richten lassen.

Von den Schotten, wann diese in die Stadt gekommen sind und vom Jakobskloster

Außerhalb der Stadt, im Süden, wo jetzt der Bürgerfriedhof
namens Weih St. Peter liegt, wurde im Jahr 1074 in der Regierungszeit Kaiser Heinrichs IV. und des Papstes Gregor VII., als
Otto von Bamberg[40] hier in Regensburg Bischof war, für einige
gelehrte, fromme und redliche Männer, die aus Schottland und
Irland hierher gekommen waren, ein kleines Kloster von den
reichen und vermögenden hiesigen Bürgern – als einer der vornehmsten wird in den Historien *Sebastian Büer* genannt –, zu
Ehren des Apostels St. Peter gebaut. Deshalb nannten sie es
St. Peters Weihe und später umgekehrt die Weihe St. Peters, wie
man den Ort noch heutzutage bezeichnet. Auch das nächste Tor
erhielt daher den Namen. Frau Mechthild, Äbtissin zu Niedermünster, verschaffte ihnen [den Mönchen] täglich Bier, die Bürger
andere unverzichtbare Dinge (*notturft*) und Lebensmittel. Es
waren heilige und fähige Menschen, die besonderes Können und
Eifer der studierenden Jugend widmeten und die die Heilige
Schrift zur großen Verwunderung der Leute auslegten. Sie nähr-
ten sich von Schreiben und Lehren, wurden von vielen in großen
Ehren gehalten und besaßen kein Eigentum. Die Mönche erhiel-

ten von Kaiser Heinrich IV. am 1. Februar 1088 Freiheiten und
Gnaden. In diesem Freiheitsbrief erzählt der Kaiser selbst ausführlich und der Reihe nach, wie sie nach Regensburg kamen.
Dadurch wurden noch mehr veranlaßt, aus Schottland hierher zu
ziehen. Ausgehend von diesem kleinen Kloster haben sie sich
auch an andere Orte begeben und dort Klöster gebaut. Hin und
wieder behalten sie nach wie vor die Bezeichnung „Schotten".

Bei den Klosterfrauen (*closterfrauen*) [richtig: Stiftsdamen] zu
Niedermünster soll noch ein Psalter vorhanden sein, den der erste
Schotte hier, Marianus, mit eigener Hand geschrieben haben soll,
und der einen Kommentar (*außlegung*) und Vorrede enthält, aus
der fast alles stammt, was bis hier von ihnen erzählt wurde.[41]
Davon war oben die Rede, daß die Menschen von ihnen beredet
worden sind, daß sie zu Zeiten Kaiser Karls des Großen hierher
gekommen seien und den christlichen Glauben mitgebracht
hätten, und auch davon, daß dies Fabeln seien. Derlei Märchen
(*mährlein*) werden insbesondere durch das kaiserliche Patent und
die nachgelassenen Schriften der ersten Schotten widerlegt.

Da nun die Menge der Schotten derart anwuchs, daß sie in dem
erwähnten kleinen Kloster keinen Platz mehr hatten, und zugleich alle ihren Fleiß bei der Unterrichtung der Jugend, ihre
Andacht, ihr heiliges Leben, ihre Mühe und Arbeit aufwandten,
entschlossen sich der damalige Burggraf Otto Graf von Riedenburg[42] mitsamt seinem Bruder Heinrich und dessen Gemahlin
Bertha, einer Tochter Herzog Leopolds von Österreich, ihnen ein
anderes und größeres Kloster an einem anderen Ort der Stadt zu
bauen, nämlich das jetzige St. Jakob, weshalb dort heute auch die
genannten Grafen und die Frau begraben liegen. Auch Frau *Luid-*
gard, Gräfin von Bogen, sowie Herr *Gundackher* und *Werner*,
Grafen von Laaber, taten das Ihrige dazu. Bischof Hartwig[43]
weihte es 1120. Der erste Abt des Klosters bei St. Jakob war
Mauritius, der zweite Christian, beide aus Schottland.

Das kleine Kloster Weih St. Peter wurde am Abend des Tages
Christi Himmelfahrt 1552 durch Hauptmann Philipp von Eber-
stein, dessen Landsknechtsregiment hier lag, beschossen, nieder-
gebrannt und dann bis auf die Grundmauern abgebrochen, so daß
man heute nichts mehr anderes sieht als einige Stücke von verfal-
lenem Gemäuer und in der Ringmauer des Friedhofs der Bürger-

schaft eine kleine Kapelle, in der ein steinernes Grab aufgemauert ist. Es soll nach Länge und Breite ein Muster des Heiligen Grabes in Jerusalem sein. Ansonsten wurde alles zerstört.

Frauenklöster

Ober- und Niedermünster wurden früher ebenso wie St. Paul für adelige Jungfrauen gestiftet und eingerichtet. Heute werden sie Frauenklöster und Münster genannt. Bevor sie derart anwuchsen und reich wurden, waren es schlichte, einsame Hütten für einige einfache und arme Seelfrauen (*einfeltige und arme seelfrauen*), wie Herr Hund bei der Beschreibung dieser Klöster bezeugt. Die, welche darin wohnen, sind keiner anderen Ordensregel unterworfen als dem Gehorsam. Sie können aus- und eingehen, sind nicht eingesperrt, können auch heiraten oder freien, ausgenommen die Äbtissin, wegen der empfangenen Weihe. Ob aber diese Freiheit, die sie sich, wie genannter Herr Hund schreibt, seit etwa sechzig Jahren anmaßen, so daß eine jede von ihnen abgesondert wohnt, obgleich sie innerhalb einer Ringmauer versammelt und durch ein Tor abgeschlossen sind, nichtsdestoweniger weder in einem Speisesaal (*revent*) gemeinsame Mahlzeiten halten, noch in einer Schlafkammer zusammenliegen, was ihnen dann auch genügend abträglich (*verkleinerlich genuegsam*) ist und Gelegenheit und Ursache zu aller Prasserei und Leichtfertigkeit gibt, der ersten Ordnung und Stiftung des Klosters gemäß sei, das gibt der Name der Klöster in lateinischer und griechischer Sprache deutlich zu erkennen. Daher kommt es auch, daß sie [die Stiftsdamen] einen schlechten Ruf haben bei den Katholischen und bei anderen Leuten mit guter Gesinnung (*guthertzigen leuthen*). Sie bedürfen heute ebenso harter wie guter Reform (*reformation*) und Verbesserung, wie zu Zeiten St. Wolfgangs, welcher gezwungen war, das dritte Kloster St. Paul wegen des überaus schändlichen Lebens und Verhaltens der beiden anderen Klöster aufzurichten und ihnen eine strenge Ordnung und Regel vorzuschreiben, damit diejenigen, die sich in den anderen Klöstern befanden, einen Spiegel und ein Vorbild hätten, sich auch der Ehrbarkeit und Tugend zu befleißigen. Dieses schreibt Wort für Wort Herr Hund, bayerischer Rat, in seinem Buch, das er von den Klöstern Bayerns veröffentlicht hat (*hat lassen außgehn*).

Niedermünster

Niedermünster heißt so, weil es gegenüber dem oberen [Münster] und aus Sicht der Stadt tiefer und näher bei der Donau liegt, nämlich knapp hinter dem Domfriedhof. Es wurde im Jahr 900 von Frau Judith gestiftet, der Gemahlin des Herzogs Heinrich I. in Bayern, einem Bruder Kaiser Ottos I. aus Sachsen. Judith war eine Tochter Herzog Arnulfs des Bösen und die Großmutter Kaiser Heinrichs, den man den Heiligen nennt. Dieses Kloster ist später von Kaiser Otto II. auf Bitten seiner Mutter, Frau Adelheid, deren Grab noch kurz hinter dem Eingang zur Kirche gezeigt wird, reich beschenkt worden. In diesem Jahr, und eben an dem Tag, als ich dies niederschrieb – es war im September 1598 – erfahre ich (*kombt mir die mähr*) folgendes: Als die Äbtissin, eine geborene *Kurreiterin*[44], die 30 Jahre diesem Kloster vorstand, begraben werden sollte, sagte man beim Begräbnis, diese sei innerhalb der letzten 124 Jahre die dritte Äbtissin gewesen. Dies bezeugt auch die Jahreszahl auf den Grabsteinen, wie ich auf Nachfrage erfuhr.

Obermünster

Dieses Kloster stiftete oder – besser – erbaute und erweiterte Hemma, die Gemahlin des Königs in Bayern und ganz Deutschlands, Ludwig [des Deutschen]. Dieser war ein Sohn Kaiser Ludwigs des Frommen, Kaiser Karls Enkel, der Vater Kaiser Karls des Dicken und König Karlmanns in Bayern. Frau Hemma starb 876 und soll auch dort begraben sein, wie ihr Sohn, Kaiser Karl III., der Dicke, selbst in einer Urkunde bezeugt, die noch beim Kloster zu finden ist. Die von Emmeram streiten hierüber mit Obermünster und behaupten, Hemma liege bei ihnen in der Emmeramskirche, zeigen auch ein steinernes behauenes Bildwerk einer Königin. Doch Aventin meint, es sei das Grab der Uta, der Gemahlin Kaiser Arnulfs.

Pauluskloster

Herzog Heinrich II. in Bayern, ein Sohn Herzog Heinrichs I. und Vater Herzog Heinrichs III., der als Kaiser der zweite und der Heilige genannt wurde, wohnte zumeist in Abbach und hielt dort Hof. Er wurde bei seiner Großmutter Mechtild

[Mathilde] erzogen, der Gemahlin Kaiser [richtig: König] Heinrichs I., genannt der Vogler, in Sachsen. Nach dem Tod seines Vaters verlieh ihm Kaiser Otto I., dessen Vetter er war, 956 das Herzogtum Bayern. Nachdem er sich aber später Kaiser Otto II. widersetzte und gern an seiner Statt selbst Kaiser werden wollte, nannte man ihn Heinrich den Zänkischen. Er wurde von seinem Vetter Otto in die Acht erklärt und des Landes nach Trier verwiesen. Schließlich erlangt er die Gnade wieder und wird von Kaiser Otto III. 985 erneut ins Herzogsamt eingesetzt. Dieser Heinrich II. kannte St. Wolfgang gut und war nach seiner Rückkehr wie auch schon vorher mit ihm befreundet. Auf Wolfgangs Anraten erbaute er zu Regensburg, das damals das bayerische Hoflager war, im Jahr 994 ein Kloster, das dem Apostel Paulus geweiht wurde. Dorthin wurden, wie oben mitgeteilt, adelige Jungfrauen geschickt und ihnen als Äbtissin die Herzogstochter Brigitta vorgesetzt, welche mit ihren Verwandten ein derart strenges, züchtiges und in sich gekehrtes (*eingezogenes*) Leben führte, daß die Frauen in den beiden anderen Frauenklöstern ebenfalls gezwungen waren, sich etwas besser und in sich gekehrter als bisher zu verhalten. Daher stammt das bekannte Verslein, das bis vor wenigen Jahren in einer Kapelle zu lesen war, welches St. Wolfgang mit eigener Hand geschrieben haben soll:

> *Aus sonderlichen guetten rath*
> *Wolffgang diß hauß gebauet hat.*

Dieser Vers wurde aber, wie das ganze Kloster, im Jahr 1589 von den Jesuiten gänzlich verändert und neu aufgebaut. Denn diese haben die Klosterfrauen in diesem Jahr aus ihrem Nest ausgehoben *(die closterfrauen (…) auß diesem ihrem nest außgehebt)* und sich selbst darin festgesetzt.

Verschlossene Klöster

St. Klara

Ganz nahe bei den Barfüßern liegt auch das abgeschlossene (*verspert*) Nonnenkloster St. Klara, das zuvor nach St. Maria Magdalena, der Büßerin, hieß. Sie haben im Jahr 1286 am weißen

Sonntag ihre Ordensregeln verändert, auf Rat der Brüder, die man
Minoriten (*minores*) nennt, unter dem 33. Bischof Heinrich II.,
Graf von *Rotteneckh*.[45]

Heilig Kreuz

Dies ist gegen Westen gelegen, gestiftet und erbaut aus dem ver-
fallenen Kirchlein St. Sixtus, in welchem sich Nonnen befanden,
denen Graf Heinrich von Ortenburg den Zehnten und die Pfarre
zu Schwarzhofen bei Neunburg vorm Wald im Jahr 1237 gab.
[Das Kloster] lag damals in der Vorstadt, wie später berichtet
werden soll.

Das fünfte Kapitel

Von den Kirchen und Schulen der gemeinen Stadt

Bisher habe ich Stifte, Kirchen und Klöster dieser Stadt, ihre Anfänge, Stifter, Lage und anderes, was mir bekannt war und was dem hiesigen Bischof unterworfen ist, beschrieben. Nun geht es darum, daß ich etwas von den Kirchen und Stiften berichte, die der Gemeinen Stadt zugehören. Denn wenn sowohl der ehrbare Rat als auch viele ehrenhafte Bürger seit vielen hundert Jahren nicht wenig für das geistliche Wesen aufgewendet haben und zu dessen Erhaltung vieles in gutem Glauben beitrugen, wie noch alle Stifte und Klöster in ihren Agenden und Kalendern (*agenden und chor calendern*) über das ganze Jahr hinweg viele bürgerliche Begängnisse verzeichnet haben, so wäre es wohl nur billig gewesen, wenn die ehrbare Bürgerschaft von ihren Geistlichen – wie sich die Kleriker (*clerisey*) zu bezeichnen pflegen – im Gegenzug einige geistliche Seelsorge (*geistliche seelen guetter*) genossen hätte. So wie die Geistlichen mit zeitlichen Gütern und Einkommen von einer ehrbaren Bürgerschaft reichlich beschenkt und lange Zeit wohl versehen wurden, oft auch in gefährlichen Zeiten und dann, wenn es den Anschein hatte, als würde es schlecht um sie stehen (*als wolt es umb sie mueh werden*), von Seiten der Stadt beschützt wurde, so sollte auch die Bürgerschaft hinwiederum von ihnen mit himmlischen und ewigen Gütern, nämlich mit heilbringender Lehre und vorbildlicher Lebensführung (*mit (...) unergerlichen leben*) versehen und gespeist werden.

Da dergleichen von ihnen [den Geistlichen] aber unterlassen wurde und unterblieb, vor allem weil sich noch zu Menschengedenken (*bey mansgedenckhen*) ein derartiger Zwiespalt in der Religion erhob, daß ein Teil der Einwohner dieser Stadt der päpstlichen Seite weiterhin anhingen, wie etwa die Kleriker, während die Bürgerschaft mit dem gesamten ehrbaren und wohlweisen

Kammerer und Rat die Reformation der Augsburgischen Konfession annahm und sich hierzu standhaft bekannte, erforderte es die dringende Notwendigkeit (*die hohe notturft*), daß ein ehrbarer Rat dem Beispiel anderer protestierender Reichsstände und anderer löblicher Stände folgte, dem Gewissen und der Wahrheit halber – denn man ist Gott und seinem Wort stets mehr Gehorsam schuldig als irgend einem sterblichen Menschen –, sich in der Religionsausübung von den Klerikern absonderte und sich nach einem Ort umsah, an welchem das heilsame und allein seligmachende Wort Gottes klar und rein gepredigt, die hungrigen und durstigen Seelen damit gespeist und getränkt, die liebe Jugend auch nicht vernachlässigt, sondern in Wissenschaften (*guetten kunsten*), zur Gemeinschaft der Menschen (*zur menschlichen gesellschaft*) und in den nötigen Sprachen mitsamt der rechten Gottesfurcht getreu unterrichtet werden, das heißt also um Kirchen und Schulen ebenso wie um ehrbare, gelehrte, gottesfürchtige und tüchtige Leute und Männer, Prediger und Lehrer. Daraufhin hat ein ehrbarer Rat, damit man auch mit den notwendigen Kirchen versehen wäre, die Kapelle wieder eingenommen und von Rechts wegen die von ihren Vorfahren, von dem Besitz und den Stiftungen der Bürgerschaft erbaute Kirche diesen wieder übergeben, nämlich die Kapelle, die mitten in der Stadt liegt und früher zur Zeit des Papsttums (*im babstumb*) „Zur Schönen Maria" genannt wurde, in welcher Gottes Wort gepredigt, die heiligen Sakramente nach der Anweisung Christi, unseres Herren, ausgeteilt, die Eheleute eingesegnet und auch andere Gottesdienste verrichtet wurden. Später öffneten sie [die Obrigkeit] auch die Kirche St. Oswald nahe der Donau und der Stadtmauer. Außerdem sahen sie sich nach einem bequem gelegenen Ort um, an welchem ihre lieben Kinder und Nachkommen, aus denen heraus einst das geistliche und weltliche Regiment der Stadt wieder mit geeigneten Personen besetzt werden soll, fleißig unterrichtet werden sollten, wie alles der Reihe nach erzählt wird.

Die Neue Pfarre

Die Kapelle oder Kirche zur Schönen Maria wird jetzt die Neue Pfarre genannt. Ebenso wie in Nürnberg 1032, als eine große Wallfahrt zu St. Sebaldt einsetzte, geschah es hier im Jahr 1516. Es

Idealprospekt der geplanten Wallfahrtskirche zur Schönen Maria von Michael Ostendorfer. Holzschnitt um 1520 (Historisches Museum der Stadt Regensburg).

erhob sich nämlich ein derartiges Laufen und Wallfahrten zur Schönen Maria nach Regensburg, die auf dem Platz stand, wo die Juden ihre Synagoge hatten, daß man davon hie und da auch in den Chroniken (*in chronicken*) liest. Bei diesem Marienbild geschahen auch viele Wunder, wie denn üblicherweise der Teufel bei derartigen Geschehnissen sein Spiel treibt (*wie dann der teufel bey solchen werckhen gemeinigelich sein spil zu haben pfleget*). Solches Laufen und Wallfahren mitsamt den Wundern verminderte sich, als der ehrbare Rat ein Einsehen hatte, und versiegte schließlich ganz. Davon kann man bei Sebastian Franck nachlesen, im zweiten Buch, am 260. Blatt seiner Chronik.[46] Anfangs wurde diesem Marienbild zu Ehren wegen des starken Zulaufs eine einfache und niedrige kleine Kapelle errichtet, welche später, als die Juden im Jahr 1519 aus der Stadt vertrieben waren, zur prächtigen und großen Steinkirche erbaut worden wäre, wie ein Entwurf zeigt[47], der sich noch bei manchen Bürgern findet (*wie dessen arbeit und visier etwan noch unter den burgern zu finden*), wobei die heutige Kirche allein als Chor für die Pfaffen (*chor fur die pfaffen*) gedient hätte, wenn D. Luther nicht so früh gekommen wäre und das Wort Gottes so hell geschienen hätte.

Es liegt offen zu Tage und ist aus Chroniken bekannt (*es ist am tag und chronickhkundig*), auch kann man es nicht leugnen: In der Finsternis des abgöttischen Papsttums waren die Leute viel frömmer und freigebiger für den Bau und die Stiftung von Kirchen und Klöstern als angesichts des heutigen hellen Lichts des Evangeliums. Man kann sich hierüber nur wundern, daß die Menschen durch die Flammen, die Hitze, Rauch und Dampf des Fegefeuers und die betrübliche Furcht (*leidige forcht*) davor weit stärker zur heuchlerischen Frömmigkeit (*zur heichlerischen andacht*) und zum falschen Gottesdienst angereizt werden konnten als durch das rein, hell und sonnenklar leuchtende Licht des heiligen Gottesworts zu wahrer Erkenntnis und richtigem Gottesdienst, zur unaussprechlichen Freude und Herrlichkeit des ewigen Lebens. Doch dies ist das rechte Gericht Gottes über die undankbare Welt, welche der leidige Teufel mit Geiz und Wucher ganz und gar verblendet hat. Nun gilt aber wohl, daß die Predigt des Gottesworts und die rechte Religion nicht an äußerlich stattlichen, großen und ansehnlichen Gebäuden und Zeremonien (*gebewen und gepreng*)

hängt, durch welche dem gemeinen Mann Ohren und Augen auf-
gesperrt (*aufgespreizt*) werden. Unsere lieben Vorfahren und die
rechtschaffenen Christen haben nicht viel von großen Dom-
kirchen und Stiften gewußt oder geschrieben, sich vielmehr mit
kleinen Häusern, ja wohl sogar mit niedrigen Stuben begnügt und
waren damit zufrieden, wenn sie nur Gottes Wort hören und die
heiligen Sakramente in Ruhe und Frieden gebrauchen (*gebrauchen*) konnten. Daher kam auch das Sprichwort: Die Alten hatte
finstere Kirchen und ein helles Gemüt; heute haben wir helle Kirchen und finstere Herzen. Nichtsdestoweniger kann man auch an
äußerlichen Werken weitgehend ablesen, wie sehr die Menschen
innerlich zur Förderung der Ehre Gottes bereit sind (*wie die leutt
inwendig zu beförderung Gottes ehr gesinnet sein*).

Doch ich wende mich wieder meinem ursprünglichen Vorhaben zu (*Aber ich greiff wider zu meinem furnemen*), damit man
die gewaltig überströmende Güte und Barmherzigkeit Gottes
gegenüber dieser Stadt um so mehr sehen und begreifen kann.
Vom Jahr 1523 an begann die Wahrheit und das Licht des heiligen
Evangeliums immer stärker zu erstrahlen. Einer nach dem anderen wurde zur rechten Erkenntnis geführt. Viele vornehme Bürger pflegten in die [Ober-] Pfalz nach Sallern und Beratzhausen[48]
zu Predigten zu fahren und zu gehen, wo sie auch das hochwürdige Abendmahl gemäß der Einsetzung durch Christus (*nach der
einsazung Christi*) empfingen. In beiden Herrschaften hatten die
Adeligen (*die von adl*) nämlich bereits evangelische Prediger
angestellt.

Alles in allem genommen: Die vorbestimmte Zeit der Geburt
war angebrochen. Deshalb begehrte die Bürgerschaft am Montag
nach Franziskus [5.Oktober] 1523 vom Rat die Einsetzung eines
Predigers, der das Wort Gottes hell und klar predigen sollte.
Einige Leute brachten ganze Fässer voll lutherischer Bücher[49] her,
die die Bürger eifrig lasen und damit immer stärker der Wahrheit
teilhaftig wurden. Der Rat hatte viel damit zu tun, die Bürgerschaft zu beruhigen, denn es waren damals ohnehin gefährliche
Jahre des Aufruhrs, zumal ja auch bald der Bauernkrieg beginnen
sollte. Auch widersetzte sich der Teufel heftig und warf allerlei in
den Weg, damit nur die Wahrheit unterdrückt blieb. So kamen
bald darauf einige Schwärmer und Wiedertäufer hierher, die den

Siegeszug des Evangeliums merklich aufhielten, viel Unruhe (*lermen*) schufen, dann aber teilweise enthauptet oder mit Ruten gepeitscht und der Stadt verwiesen wurden. Denn wo unser Herrgott eine Kirche baut, will auch der Teufel daneben seine Kapelle haben. Zuletzt wurde der gesamte ehrbare Rat aus besonderer Gnade und Barmherzigkeit Gottes mit seinem Wort und durch die Kraft des Heiligen Geistes erleuchtet und bekannte sich mit der Bürgerschaft einhellig zur Augsburgischen Konfession.

In der Apostelgeschichte lesen wir an vielen Stellen, daß Gott seine Werke an schlichten Orten und durch einfache Menschen beginnen läßt. Ebenso wurde auch hier das Wort Gottes zu Anfang in Häusern gepredigt. Bernhard Stauffer von Beratzhausen besaß hier gegenüber von Obermünster ein Haus, das heute noch der *Staufferhof* heißt.[50] Der letzte dieses uralten bayerischen Geschlechts, Johann Bernhard, wurde in diesem Jahr am 22. März 1598 in Beratzhausen begraben. Bernhard Stauffer hielt etliche Male öffentliche Kommunion in seinem Haus ab, wie die Schrift, die noch in diesem Haus zu lesen ist, bezeugt. Weil sich der Bischof und die Kleriker beschwerten, ließ der Rat diese Praxis bis auf weiteren Bescheid einstellen.

Im Jahr 1542 schickte der ehrbare Rat Boten zum Fürsten in München, um das christliche Vorhaben bekannt zu geben, besonders wegen des Sakraments in beiderlei Gestalt und öffnete daraufhin hier am 14. Oktober die Neue Pfarre, ließ das Amt und jeglichen Gottesdienst in deutscher Sprache vollziehen. Am 15. des Monats wurde auch die Kommunion auf diese Weise gehalten. D. Förster, aus Nürnberg abgestellt, predigte. Erasmus Zollner, ein Bürgerssohn und gelehrter Mann, den der Rat zuvor als Prediger angenommen hatte und der am 5. Februar dieses Jahres, dem Sonntag nach Lichtmeß, schon vor einer großen Zuhörerschaft gepredigt hatte sowie Leopold Moser von Beratzhausen reichten das hochwürdige Altarsakrament. Das lief folgendermaßen ab: Als die Predigt in der Predigerkirche [= Dominkanerkirche] beendet war und das Volk in der Neuen Pfarr zusammen kam, legte der Herr Doktor ein weißes damastenes Ornat um. Die Herren Erasmus Zollner und Leopoldt standen bei ihm in Levitenröcken[51] (*leviten röckhen*). Das Amt wurde ganz in deutscher Sprache gehalten. Als man zur Kommunion kam, reichte der

Doktor zuerst den Prädikanten das Sakrament. Danach reichten es diese Herrn Andreas Wolf, dem damaligen Kammerer, dann Doktor *Hildtner*[52] und schließlich allen Männern und Frauen, etwa 32 Personen. Am 19. November, dem Sonntag Elisabethae, wurde das erste Kind in der Neupfarrkirche ohne Chrisam und die anderen päpstlichen Zeremonien in deutscher Sprache getauft.

Am 20. Februar 1543, dem Dienstag nach Remeniscere, kam Herr M. Nopus,[53] der von Doktor Luther hierher geschickt wurde und hielt seine erste Predigt in der Neuen Pfarre am 27. Februar, Dienstag nach Oculi. Ihm folgten die weithin berühmten und vortrefflichen Theologen Herr Nicolaus Gallus[54] 1556 und Herr Bartholomeus Rosinus,[55] christseligen Angedenkens, von 1572 bis 1587 mitsamt ihren treuen Gehilfen. Beide haben dieser Kirche und dem ganzen Ministerium[56], das heute aus neun Leuten besteht, sowohl in Österreich als auch den umliegenden Fürstentümern großes Ansehen verschafft. Obwohl der leidige Satan zweimal versuchte, innerhalb dieses löblichen Ministeriums Uneinigkeit zu erzeugen und es entweder wieder völlig zu zerstreuen oder durch falsche Aussagen ihm einen Schandfleck anzuhängen, wurde solches Unheil durch rechtzeitigen Rat und die Voraussicht der evangelischen Obrigkeit jeweils bald verhindert.

So konnten in der genannten Neupfarrkirche gottlob vom 15. Oktober 1542 an, wie noch in der Sakristei über der Tür zur Kanzel zu lesen ist, die wahre und reine Lehre des göttlichen Wortes und die Sakramente nach der Einsetzung durch Christus bis zur Gegenwart (*biß auf gegenwertige zeit und stundt*) durch Gottes Gnade erhalten werden. Heute werden in der Neuen Pfarre wöchentlich vier oder fünf Predigten aus Gottes Wort gehalten. Sonn- und Feiertags geschieht dies auch – Gott sei Dank – in anderen Kirchen, nämlich in St. Oswald und im Predigerkloster. Den Mönchen dort steht für ihren Gottesdienst nur der Chor zur Verfügung.[57]

Die genannte Kirche St. Oswald hatten im Jahr 1364 die Karmeliten inne. Da sie aber in ihren Predigten [Bischof] Konrad V.[58] scharf angriffen und ihn öffentlich dazu ermahnten, er solle lebendige Gotteshäuser (*lebendige Gottesheuser*) bauen, das heißt, die Kleriker, unter denen damals, hier wie anderswo auch, Übermut (*uppigkeit*) und Laster überhand genommen hatten und in vollem Schwange waren, wie es auch sonst unweigerlich zu gehen pflegt, wenn die Herde in dieser Weise beaufsichtigt wird, reformieren, der armen Gemeinde recht vorstehen und sich um sie kümmern (*recht furstehen und außwartten*) und nicht so große Unkosten für Schloß und Festung hier im Bischofshof und zu Wörth[59] entstehen zu lassen, wie es damals zu großem Nachteil geschah, mußten sie fort, wurden vertrieben, zogen nach Straubing und errichteten dort eine Kirche, wo die Karmeliter heute noch leben.

Das abgöttische Steinbild der Schönen Maria, das der Bildhauer *Erhardt Heidenreich*[60] gefertigt hatte, stand vor der vorhin genannten Pfarrkirche auf einer steinernen Säule, eben an dem Ort, wo sich heute der Brunnen (*röhrkasten*) befindet. Nach vorausgehender ausreichender Unterrichtung durch das Wort Gottes (*nach vorhergehender genuegsamen unterricht auß Gottes wortt*), wonach das Bildwerk entgegen der Ehre Gottes und dem Verdienst Jesu Christi, auch zur Unehre der hochlöblichen Jungfrau Maria selbst dort stünde, wurde es schließlich im Jahr 1544 am 14. Juni abgenommen und fortgebracht.[61]

Der Eifer und Ernst, Gottes Wort zu hören und die hochwürdigen Sakramente zu empfangen, außerdem die gleichbleibende große Menge der Zuhörer von der beschriebenen Zeit an bis ungefähr zum Jahr 1567 – und zwar nicht nur von der hiesigen Bürgerschaft, sondern auch von fremden (*auslendischen*) und benachbarten Leuten, vor allem aus Bayern – sind daran abzulesen, daß derjenige, der zu jener Zeit einen sicheren Platz in der Kirche erhalten wollte (*ein gewissen standt hat in der kirchen haben wollen*) zwei oder wohl auch drei ganze Stunden vor Beginn von Gottesdienst und Amt sich dorthin begeben mußte. Ja, man war oftmals willens, die Kirche wegen der Menge der Menschen zu erweitern. Leute von Ansehen und Adel verlegten ihren Wohnsitz hierher, kauften sich ein und wurden Bürger, nur, damit sie Gottes Wort hören konnten. Unterdessen sang man schöne geistreiche Psalmen und Lieder, viele besaßen auch ihr Gebetbüchlein und lasen Gottes Wort. Das wollte der Teufel schließlich nicht mehr länger dulden und bewirkte, daß es den armen Leuten aus Bayern bei hoher Strafe verboten wurde, hierher zur Kirche zu kommen. Nun gibt es zur Zeit der Gottesdienste Raum und Platz genug und das Gedränge ist nicht mehr so groß (*Ist auch sonsten nunmehr raum und plaz genueg zur zeit der predigstunden undt das gedrang so groß nit mehr.*). Aber ich gehe nun zur lateinischen Schule über.

Poetenschule

Es ist gewiß und fraglos: Solange man Schule hält, wird das klare und reine Wort Gottes bewahrt (*Es ist gewiß und unfehlbar, so lang man uber den schuelen helt, so lange wirdt das lautter und rein wortt Gottes auch erhalten*). Auch muß man sich vor tiefer Finsternis und barbarischer Verdunkelung von Sprachen und Wissenschaften (*verdunckhlung der sprachen und kunsten*) keineswegs Sorgen machen. Denn was sind Schulen anderes, als Werkstätten, in welchen tüchtige Leute (*tuglich leutt*) für diverse Stände und Ämter des bürgerlichen Gemeinwesens (*zu allerley stenden und ämptern burgerliches wesens*) sowie in wahrer Gottesfurcht und in anderen Tugenden, in Sprachen und Wissenschaften unterwiesen, erzogen und danach hierfür eingesetzt werden? Da die Stifts- und Klosterschulen zumeist für die Kirchen wirken (*ihr meistes in den kirchen zu verrichten haben*) und wissenschaftliche Studien (*die studia*) bei ihnen kaum getrieben werden können, sah sich der Rat aus diesen und anderen Gründen veranlaßt, neben der Errichtung eines Kirchenregiments (*neben dem angestelten kirchenwesen*) auch eine Schule für die liebe Jugend einzurichten. Zu diesem Vorhaben wurde in den ersten Jahren der Reformation (*reformation*) ein Haus gegenüber dem Augustinerkloster ausgewählt, das damals dem *Rodecker*, heute dem Herrn *Wolf Perger*, Mitglied des Inneren Rats, gehört. Nach wenigen Monaten, als sich die Zahl der Schüler zu vermehren begann, unterrichtete man sie im Augustinerkloster. Der erste Rektor hieß M. Casparus Nevius, der später Doktor der Medizin wurde. Dann sein Kollege Lucas, der anfangs ein deutscher Schulmeister war und später Hans- und Steuerschreiber wurde. Ferner: H. Leonhardt und H. Jörg, zwei Augustinermönche, denen die Knaben jährlich beichten mußten.

1531 erwarb der Rat das große Haus zwischen dem Predigerkloster [= Dominikanerkloster] und der Münz, das vorher den fuchsischen Edelleuten gehört hatte[62], von denen etliche hier

Gymnasium Poeticum (reichsstädtisches Gymnasium). Lavierte Federzeichnung, frühes 17. Jahrhundert. Dieser Bauzustand entspricht der Beschreibung durch Raselius. Das vorliegende Werk entstand in der „Kantorstube", dem Raum unterhalb des östlichen Erkers. An dieser Stelle steht heute das protestantische Alumneum (Historisches Museum der Stadt Regensburg).

Statthalter und Hauptleute Ihrer Kaiserlichen Majestät gewesen waren, wie noch ihre in den Fenstern gemalte und an den Hausecken in Stein gehauene Wappen zeigen, und verlegte einige Jahre später die lateinische Schule dorthin. Es ist ein weiter und großer Baukörper mit drei Dächern (*ein weiter grosser stockh von 3 tachungen*), etwas von den anderen Häusern abgesondert, in welchem sich sieben große Gemächer und Stuben befinden, in welchen die Schüler, aufgeteilt in Klassen (*in ihre rotten und zunfften*) studieren, weiterhin zwei große Säle, in welchen alle Schüler bisweilen zusammengerufen werden, und wo nach den Examina die *orationes* und *promotiones*, oder zu anderen Zeiten die *disputationes* und *declamationes* gehalten werden. Neben diesen Räumlichkeiten finden noch drei oder vier Haushaltungen Platz, die mit Stuben, Kammern, Gewölben und Kellern versehen sind. Ferner gibt es ein schönes, anmutiges (*lustiges*) Gärtlein, dessen Mauern und Umgänge mit verschiedenen biblischen Historien und mit Wappen ehrbarer Bürger und Ratsverwandter geschmückt sind.

Im Jahr 1592 baute ein ehrbarer Rat zum Besten meiner Person und meiner Studien die untere Wohnung (*losament*) aus, eine schöne, hohe und geräumige Stube und zwei Kammern, an der Ecke gegenüber der Münze und dem Bürgerhaus. Diese Baumaßnahme darf ich billigerweise nicht verschweigen, nicht nur, weil ich hierdurch bewegt wurde, auswärtige Rufe (*anderstwo herrurende vocation*) und gute Unterkunft (*guette gelegenheiten*) auszuschlagen und bei meinen lieben und wohlgesinnten Herren in Regensburg zu bleiben, sondern auch, weil meine musikalischen Werklein, die gedruckt wurden, wie auch diese gegenwärtige Arbeit in diesem Zimmer gleichsam geboren und an den Tag gekommen sind.

Um aber wieder zum Thema zurückzukommen (*damit ich aber widerum auf die bahn kome*): Die Behausung mitsamt allem Zugehörigen erhielt, als sie zur Schule umgewidmet wurde, den Namen Poetenschule, vielleicht deshalb, weil das ausgesprochen sinnvolle Studium der Dichtkunst (*solch sehr nuzlich studium der poeterey*) neben anderem von den Schülern besonders fleißig betrieben werden soll. Benachbarte Städte in Bayern, die sich auch um die Studien kümmern, pflegen den Vorsteher der Schule, den man bei uns *rector* nennt, als *poeten* zu bezeichnen. Denn ein solcher Mann soll nicht allein in anderen Wissenschaften (*freyen kunsten*) erfahren und kundig, sondern vor allem ein Meister in der Dichtkunst sein, weil verständige und urteilsfähige (*recht urtheilenden*) Leute weit mehr auf jemanden geben, der in der griechischen und lateinischen Sprache gute Verse dichten kann, als auf den, der dies nicht beherrscht. Diejenigen Begabungen (*köpf und ingenia*), welche sich in diesem Fach und den entsprechenden Studien bewähren und andere übertreffen (*die in diser facultet und studien excellirn und fur andern etwas sein*) sind auch besonders vom Heiligen Geist mit wertvollen Gaben beschenkt und ausgestattet worden.

Nachdem sich aber die Schülerzahl von Tag zu Tag vermehrte – jeder wollte sein Kind Latein studieren lassen – und doch einer beim Lernen schneller vorankam als der andere, da schließlich die Begabungen ungleich (*die köpf ungleich*) sind, wurde es notwendig, damit keiner am Lernen gehindert und aufgehalten werde, bestimmte Gruppen (*gewisse rotten und gesellschaften*), welche man Klassen (*classes*) nennt, einzurichten und ihnen auch Lehrmeister und *praeceptores* zuzuweisen. Unsere Poetenschule besaß am Anfang drei solcher unterschiedlicher Schülergruppen. Später wurden vier daraus, in den folgenden Jahren fünf, schließlich sechs, die heute, eine wie die andere, mit den notwendigen Einrichtungen und Übungen gottlob gut ausgestattet sind. Ein angemessen Begabter (*ein zimliches ingenium*) kann in dieser Schule in wenigen Jahren in der lateinischen und griechischen Sprache Fortschritte machen, sich auf die logischen Wissenschaften (*artes logicas*), Musik oder anderes verlegen und mit Gottes Segen so weit kommen, daß er im sechzehnten oder siebzehnten Lebensjahr ehrenvoll auf eine Universität und Hochschule ziehen und dort seine Studien derart einrichten kann, daß er mit achtzehn Jahren leicht und ohne besondere Mühen zum Magister artium werden und eine Fachrichtung (*facultet*) wählen kann, um beispielsweise zu beginnen, die Heilige Schrift, die Rechte oder die Medizin (*arzeney*) zu erlernen. Man könnte mit Beispielen zeigen und beweisen, daß derartiges geschehen ist und gottlob noch heute geschieht. Das ist aber nicht notwendig, da es zumeist stadtbekannt (*stattkundig*) ist und auch die Erfahrung lehrt, daß Leute aus der Mitte derjenigen, die früher Angehörige und Schüler der

Poetenschule waren, wenige Jahre auf der Hochschule verbracht haben, von dort wieder herbeigerufen wurden und heimgezogen sind, zu allen Zeiten und auch heute zum Regiment im Rathaus, der Kirche oder der Schule und anderen löblichen städtischen Ämtern eingesetzt werden.

Es haben aber nicht nur die Bürger- und Stadtkinder die Gelegenheit, in dieser Poetenschule Gottesfurcht und nützliche Sprachen und Wissenschaften zu lernen, sondern auch ausländische und fremde. Vor allem bei den Adeligen und der Ritterschaft steht die Schule in hohem Ansehen, weshalb viele bis heute ihre lieben Kinder gerne in dieser Schule wußten und sich um die Möglichkeit bemühten, sie hier unterzubringen, auch aus fernen Gebieten hierher zu schicken. Um die Wahrheit voll und ganz zu schreiben, war die Poetenschule gleichsam eine Mutter des jungen studierenden Adels in Bayern, der [Ober-]Pfalz und Österreichs, bevor innerhalb von dreißig Jahren auch andere benachbarte Schulen eingerichtet wurden und solange die Adeligen noch die Freiheit besaßen, ihre Kinder dorthin zu geben, wohin sie es wollten. Vor wenigen Jahren gingen hier gleichzeitig vierzehn junge Freiherren zur Schule, zu schweigen von anderen vornehmen Adelspersonen, die hier die Grundlagen der christlichen Religion legten und andere Wissenschaften mit Erfolg erlernten. Später und auch jetzt noch stehen einige von ihnen nicht nur wegen ihres hohen Standes und Adels, sondern auch wegen ihrer Bildung und ihrer Fertigkeiten bei bedeutenden Fürsten und Mächtigen (*potentaten*), bei seiner kaiserlichen Majestät, dem Erzherzog in Österreich, und anderswo in großem Ansehen. Sich als ehemalige Angehörige und dankbare Schüler dieser Schule zu bezeichnen, tragen sie keine Scheu. So sind es noch heutzutage nicht wenige von Stand und junge Adelige in der Schule, welche nicht allein die Gruppe der anderen Schüler zieren und schmücken, sondern auch mit Fleiß, Umsicht beim Lernen, mit Gehorsam, mit dem Wort Gottes und mit Liebe zu ihren Lehrern den anderen ein löbliches Exempel geben.

Nicht weniger haben auch die Kinder armer Leute, die studieren wollen, die freie Möglichkeit, sich hier aufzuhalten und zu lernen (*und ihren studiis abzuwartten*). Denn es finden nicht allein die Kinder von armen Bürgern, sondern auch fremde Bedürftige (*frembde dörfftige und in dem fall nottleidende gesellen*) dank der Freigebigkeit eines ehrbaren Rats ausreichenden Unterhalt (*notturftigeliche underhaltung*). Ich schweige von der guten Anordnung einer löblichen, nützlichen und ersprießlichen Einrichtung, den freien Stipendienstiftungen für die Bürgerkinder, durch die sie auf den Universitäten versorgt werden können, von der eifrigen Aufsicht und steter Sorge eines ehrbaren Rats für die Schule und von anderem mehr, das hier billig gerühmt werden sollte. Da ich hier aber eine Beschreibung von Denkwürdigkeiten (*denckhwurdiger sachen alhie beschreibung*) und nicht Lobsprüche zusammenstelle, lasse ich es dabei bewenden.

Lediglich die deutschen Schulen für Knaben und Mädchen darf und kann ich nicht mit Stillschweigen übergehen. In ihnen wird die liebe Jugend wie in der Poetenschule in wahrer Gottesfurcht, der Heiligen Schrift und guten Sitten eifrig erzogen, vor allem aber in der Kunst des Rechnens und Schreibens gründlich und vortrefflich unterrichtet. Regensburg gewann ihrer deutschen Schreibkunst und deren Schulung halber vor vielen anderen Reichsstädten seit 1550 wegen der hervorragenden Rechen- und Schreibmeister (*rechenmeister und modisten*) besonderes Lob und Ansehen und besitzt es zum Teil noch und, Gott gebe es, noch lange.

Was soll ich aber weiter noch viele Worte machen von der erwünschten Möglichkeit, hier auch in anderen ehrlichen Künsten etwas zu erlernen und zu erfahren, was der studierenden Jugend wohl ansteht, die dadurch merklich gefördert wird und auch bei anderen Leuten Ansehen und Sympathie gewinnt, wie in der Musik auf verschiedenen Instrumenten, im Fechten, Zeichnen und Malen, im Reden und Reiten, Schießen und dergleichen, worauf verständige Leute viel halten und derer sich die Jugend – neben ihrer Hauptarbeit – auch nicht, ohne Ruhm zu gewinnen, befleißigen kann.

Das sechste Kapitel

Von anderen bürgerlichen und sehenswerten Gebäuden

Von St. Augustinus sagt man, daß er sich gewünscht habe, drei Dinge zu sehen: Christus, den Herren, in Fleisch und Blut, den erleuchteten Apostel Paulus auf der Kanzel und die unzerstörte Stadt Rom (*die statt Rom in iren unzergenzten wesen*). Obwohl nun, um die ersten beiden Punkte zu übergehen, meines Erachtens der Stadt Rom auf dieser Welt an Herrlichkeit (*herligkeit*) nichts gleichkommt, noch je gleichkommen wird, kennen doch auch andere Städte, wie aus ihrer Gestalt hervorgeht (*dem eusserlichen ansehen nach*) Ruhm und Preis, Glück und Unglück, gute und böse Zeiten, Schmuck und Unansehnliches (*zier und ubelstandt*) und, gleichsam wie die Menschen, Wachsen und Gedeihen (*aufnemen*), Stillstand, Alter, Verfall und schließlich Untergang.

Daß die Stadt Regensburg vor einigen hundert Jahren groß, beachtenswert (*ansehlich*), reich an Einwohnern und Gütern und wegen ihrer Handelsherren und verschiedenen Gewerben (*kauffmannschafft und allerley gewerb halben*) die wohl berühmteste Handelsstadt in Deutschland (*fast die beruhmteste handelstadt in Teuschland*) war, wie es heute vielleicht Nürnberg oder Frankfurt sind, zeigen die ausgedehnten und großen Häuser und Gebäude mit den hohen Türmen, ferner die Bezeichnungen der Plätze und Gassen, welche noch von fremden (*auslendischen*) Völkern ihren Namen tragen, nicht weniger auch die Menge der Hauskapellen und andere Orte und Zeugnisse mehr.

Aventin schreibt, die Vorstädte hätten sich früher beiderseits der jetzigen Stadt erstreckt und zwar eine große deutsche halbe Meile weit nach Osten bis nach *Weinting* [Burgweinting], wo man noch alte Grabsteine finden soll, und nach Westen bis zum Kloster *Priffling* [Prüfening]. Vom St. Jakobstor bis zu diesem Kloster sollen lauter Sensenschmiede gewohnt haben. In anderen glaubwürdigen Erzählungen (*historien*) findet man weiterhin, daß diese Regensburger Vorstädte von den seinerzeit noch ungläubigen Ungarn abgebrannt und geplündert wurden, als sie damals – und nicht nur einmal – als rechtes Kreuz (*fast ein creuz*) mit Brand, Mord und Raub durch ganz Deutschland gezogen waren, wie später noch im Zeitregister [der Chronik] mitgeteilt werden soll. Zu Zeiten Kaiser Friedrichs I. und in den Jahren zuvor, ehe Regensburg zur Reichs- und Freistadt (*zur reichs und freystatt*) wurde, war die Stadt so volkreich, daß sie nicht nur mit Nürnberg, Augsburg oder anderen heutigen volkreichen Städten zu vergleichen ist, sondern an Gütern und Vermögen, auch an der Zahl alter, bedeutender Adelsgeschlechter diese weit übertraf. Und wo dies in Regensburg endet, haben die ältesten Geschlechter anderer Reichsstädte erst ihren Ursprung. (*Und wo Regenspurg aufhört, fahen andere reichsstätt ihre ältiste geschlechter erst an.*)

Doch nichts währt in der Länge der Zeit, wenn auch das Mittelmäßige die längere Dauer besitzt, als dasjenige, was sehr mächtig und bedeutend ist (*Es wert aber nichts in die lenge, wiewoll was mittelmessig ist, bessere harr hatt als was großmechtig und schwer ist*). Bei der schwereren Last muß man immerzu den Einsturz befürchten, mehr als bei der geringeren. Man weiß, wie es den mächtigsten Städten seit Anbeginn der Welt zu allen Zeiten ergangen ist: Wo ist Troja? Wo ist Babylon? Ninive? Wo ist Athen? Wo ist Korinth? Karthago? Ja wo ist Rom selbst, [die Stadt], die wie eine Herrscherin über die ganze Erde triumphierte (*stolzierte*) und heute eher unterhalb des Erdbodens liegt, als oberhalb. Zeit, Krieg und Feuer werden dereinst das herrliche Gebäude der ganzen Welt bis zum Grund verderben. Sollte dies einem derart kleinen Winkel der Erde – um es so auszudrücken – nicht begegnen? Was aber für Unglück diese Stadt immer wieder getroffen hat und in welch seltsame Situationen (*wunderliche zustände*) sie geriet, wird später im neunten Kapitel der Reihe nach erzählt werden [gemeint: in der Chronik]. Wir wollen jetzt nur die äußerlich sichtbaren Bauwerke (*das eusserliche gebew*), insofern sie etwas Besonderes bieten, ein wenig ansehen.

In unseren Zeiten ist vor allem der prächtig erbaute Bischofshof schön anzusehen, der innen und außen mit kunstreichen

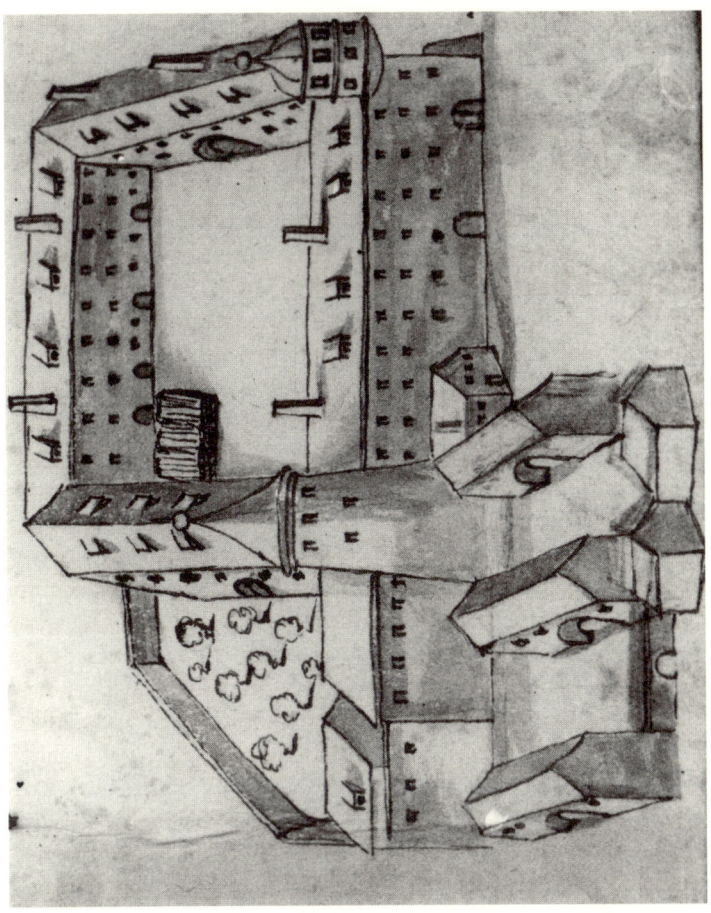

Bischofshof von Norden gesehen. Lavierte Federzeichnung, erste Hälfte 17. Jahrhundert (Fürstlich Thurn und Taxische Hofbibliothek).

Gemälden geschmückt ist. Während der Regierungszeit des Bischofs David Kölderer[63] hat Kaiser Maximilian II., hochlöblichen Angedenkens (*hochlöblichster gedechtnüß*), bei den Wahl- und Reichstagen 1575 und 1576 dort das Hoflager gehalten. Nachdem der heute regierende Kaiser Rudolf II. zum römischen König erwählt wurde, entschlief Maximilian in diesem Bischofshof.

Regensburg war vor der Zeit Kaiser [richtig: König] Heinrichs I. und seiner Nachkommen lange Jahre die Hofstatt, Sitz und Wohnung der Fürsten von Bayern, wie Aventin sagt. Bis auf den heutigen Tag behält der Herzogshof davon seinen Namen. Er liegt hinter dem Münster St. Peter oder dem Dom am Kornmarkt. Da damals die Bischöfe nahezu ständig um den Herzog sein, den Landtagen immer beiwohnen und auch dann, wenn sonst Zusammenkünfte zustande kamen und wichtige Dinge zu erörtern waren, immer zugegen sein mußten, besaßen die Bischöfe des Bayernlands, nämlich die von Salzburg, Brixen, Passau, Freising, Augsburg, Eichstätt, Seckau und Bamberg große und vornehme Paläste rund um den Herzogshof, die noch heute teilweise zu sehen sind.

Im zweiten Teil dieses Berichts (*berichts*) [d. h. in der Chronik] wird der Leser finden, was ohnedies aus Chroniken bekannt ist, daß das bayerische Land vor Zeiten sehr groß war und sich weithin erstreckte. Dazu gehörte ganz Österreich, die Steiermark, Kärnten, Tirol, die fürstliche [= Pfalz-Neuburg] und die kurfürstliche Pfalz. So bezeichnete sich der Herr dieses Landes ehrenvoll als König, wie denn auch einige bayerische Fürsten für Könige gehalten werden wollten. Dieser Titel wurde ihnen aber immer wieder von den fränkischen Königen (*könig in franckhreich*) genommen, wie an anderem Ort berichtet werden soll.

Die angeblichen (*verhoffentliche*) Könige wollten sich nun dieser Stadt nicht mit anderen Herzogshöfen oder fürstlichen Häusern begnügen und bauten deswegen die königliche Burg, von der man heutzutage nicht mehr viel mitteilen kann. Diese Burg war, wie es bei einigen alten Autoren (*alten scribenten*) aufscheint, Richtung Osten gestanden, in der Gegend der Kapelle St. Benedikt. Dieses Gebiet bewahrt noch heute den Namen und heißt „Am Königshof". Die Burg muß einst in der Gegend, wo heute die Bastei steht, die erst 1552 gebaut wurde, ein Tor gehabt haben, das man wegen der benachbarten Burg als das *burckhthor* bezeichnete, wie es nicht nur ein alter Stein am Weih St. Peterstor bezeugt, sondern auch die Straße erkennbar macht, die rechts und links des Hochgerichts [= Galgenbergstraße] also von Salzburg, Landshut und Freising geradewegs auf dieses Eck zuläuft, wo heute die Bastei steht.

Kaiserliches Schloß

In den folgenden Jahren zu Zeiten Kaiser Karls und seiner Nachkommen, die gerne und oft hier wohnten, wurde eine kaiserliche Residenz (*residenz*), ein Schloß gebaut, und zwar auch an einer abgesonderten Stelle. Dieses lag zur damaligen Zeit, wie diejenigen mitteilen, welche die Stadt vor 500 Jahren beschrieben haben, vor dem Tor und der Stadtmauer, heutzutage gegenüber dem großen Zeughaus am Jakobshof[64]. Dort [Einmündung der Kreuzgasse in den Arnulfsplatz] steht noch ein alter, fester Turm, genannt der Kaiserturm.[65] Dicht daneben liegt ein enges Gäßlein, auf dem man zum Nonnenkloster zum Heiligen Kreuz geht, das der *Arls winckhl* genannt wird, mit einem verderbten Wort (*gekrippelten wortt*) für Arnulfs-Winkel. Außer diesem Turm sieht man heute nichts mehr vom kaiserlichen Schloß oder der kaiserlichen Burg. Alles ist niedergerissen oder geschleift worden oder selbst eingefallen und verbrannt und heute meist zu Gärten oder einfachen Häuslein verändert worden.

Hiesige Höfe ausländischer Fürsten und Herren

Der Kurfürst und Pfalzgraf [bei Rhein] besitzt hier ebenfalls zwei Höfe, einen am St. Emmerams-Platz gegenüber dem Glockenturm[66], den anderen bei der hölzernen Brücke, über die man auf den Unteren Wöhrd geht. Dieser heißt der Walderbacher Hof.[67] Neben den oben genannten Höfen fremder Bischöfe gibt es hier auch zwei Häuser des Deutschen Ordens, eines am St. Gilgen-Platz[68] [Ägidienplatz], gegenüber dem Predigerkloster, das andere zu St. Leonhard[69], unterhalb der Wollwirker[gasse], beide mit Kirchen und Türmen wohl versehen.

Bürgerliche Gebäude in der Stadt

Hin und wieder sieht man auch große Getreidespeicher, ansehnliche Zeug- und Kornhäuser und Salzstadel, ferner einige stattliche

Bürgerhäuser, deren Ausdehnung, Größe und Höhe noch eine gute Vorstellung davon vermitteln, was vor Zeiten in dieser Stadt für eine Geschäftigkeit (*ein gewalt thuen*) herrschte. Überdies gibt es noch öffentliche Gasthäuser und geräumige Herbergen, inner- und außerhalb der Stadt gut ausgestattete Spitäler, Seel- und Siechhäuser, in denen arme Männer und Frauen städtische Fürsorge erhalten.

Ich will hier nichts mehr berichten von den anmutigen (*lustigen*) Gärten und den schönen öffentlichen Bädern, von den großen, weiten und sauberen Plätzen und Gassen, auf denen überall Brunnen (*rörkästen*) mit springendem Wasser zu finden sind, von den Märkten, auf denen verschiedene Viktualien und anderes mehr verkauft wird, wie Holz, Korn, Mehl, Kraut, Obst, Fleisch, Fisch, Schmalz und dergleichen, von der Menge der Türme in dieser Stadt, von denen es noch vor wenigen Jahren so viel gab wie Tage im Jahr, von denen aber viele wegen Baufälligkeit (*bawfals halben*) abgetragen werden, ebensowenig von den Werkstätten der Handwerker und Künstler, die sich in allen Gassen finden lassen. Es ist nicht notwendig, dies weitläufig zu beschreiben (*Ist ohne nott weittleuffig von solchen zu schreiben*).

Ich habe einige Leute gesehen, die sich verwundert zeigten über die zweifache und übereinander geflochtene und geschlossene Schnecke der Wendeltreppe in der Kapelle St. Simonis und Judae[70] beim Rathaus, oberhalb des Schwibbogens und Gewölbes, von dem man auf den Haidplatz (*auf die Haidt*) geht. Dort können gleichzeitig zwei Personen einige Stufen gegeneinander aufwärts steigen, ohne einander zu sehen oder zu berühren, um dann im oberen Teil der Kapelle wieder zusammen zu kommen. Diese Kapelle wurde von Papst Leo IX. am 9. September 1050 geweiht, wie die Schrift an der äußeren Wand zur Gasse hin bezeugt. Eine solche zweifache Schnecke befindet sich auch in der Neuen Pfarre beim Aufgang zum Chor.

Doch nun genug von den Stadtgebäuden. Nun wollen wir auch das, was außerhalb der Stadt zu sehen ist, ein wenig beschreiben.

Das siebte Kapitel

Was außerhalb der Stadt zu sehen ist

Ebenso wie mitten im Meer viele und verschiedenartige Inseln zu finden sind, das heißt also große und kleine, erhöhte und gleichsam aufgeworfene Teile des trockenen Erdbodens, welche die Menschen bewohnen und bebauen, obwohl das Meer sie umgibt, so daß man nicht anders als zu Schiff auf diese Inseln kommen kann, ebenso umschließt auch die Donau vielerorts solche Inseln oder erhöhte Teile des Erdbodens, wie man es auf den sorgfältig erstellten Landtafeln und Karten Bayerns, Österreichs und Ungarns sehen kann, wo sich der Strom in zwei Arme aufteilt und unterhalb derselben wieder zusammenfließt. Diese Inseln nennt man Auen, Griese oder Wöhrde (*awen, grieß oder wördt*).

Solche Griese, nämlich der Obere und der Untere Wöhrd, liegen auch bei dieser Stadt in der Donau. Beide sind durch kräftige Beschlächte und Wehre (*schlachten und wasserwehr*), wie auch mit der Steinernen Brücke, auf der man vom einen auf den anderen gehen kann, gewissermaßen vereinigt und erstrecken sich längs der Stadt auf eine gute Viertelmeile. Beide werden aber mit unterschiedlichen Namen bezeichnet, einer der Obere, einer der Untere Wöhrd, da man von der Steinernen Brücke entweder flußauf- oder -abwärts dorthin gelangt. Sie sind von bürgerlichen Wohnstätten, Häusern und Schiffshütten besetzt und werden zumeist von Müllern und Fischern bewohnt.

Vor 463 Jahren (denn so lange Zeit ist bis zum Jahr 1598, in dem ich dieses schreibe, verstrichen) wurde mit dem Bau der Steinernen Brücke begonnen.[71] Auch vorher, so kann man vermuten, wird es eine Möglichkeit gegeben haben, vom einen Ufer zum anderen, in die Stadt und aus ihr heraus zu gelangen, sei es nun einfach durch eine Überfahrt mit Schiffen oder aber, wie einige meinen und was der Wahrheit wohl auch recht nahe kommt (*der*

warheit auch nit so gar unähnlich ist), über eine Schiffs- oder
Floßbrücke. Daher entstand auch der neue lateinische Name der
Stadt, nämlich *Ratisbona*. Dieser Name war vor 500 Jahren noch
nicht bekannt, wie auch zu Beginn angedeutet wurde.

Als man seit Christi, unseres lieben Herrn Geburt 1135 Jahre
zählte, gab es, wie Aventin und andere Geschichtsschreiber (*histo-
rici*) mitteilen, einen sehr heißen und trockenen Sommer. Berge und
Wälder brannten, die Bäche versiegten und wenn man Schwefel
oder ähnliches auf die Erde warf, so entzündete er sich von selbst.
In diesem Jahr hat der damals mächtigste (*allerreichist*) Fürst,
Herzog Heinrich X., der Herr in Bayern, Sachsen, der Toskana
(*Tuscan*) und auch in Schwaben, gemeinsam mit den Regensburger
Bürgern die Steinerne Brücke über die Donau gebaut. Sie wurde im
Jahr 1146 vollendet. Zehn Jahre lang, bis in das elfte Jahr hinein,
arbeitete man an der Brücke, die ein sehenswerter (*ansehelich*) und
stattlicher Bau ist, den man gerechterweise zu den Wunderwerken
in Deutschland (*wunderwerckh teusches landts*) zählen kann. Sie
besitzt fünfzehn weite und hohe Jochbögen aus lauter großen Quadern. Der Donau zugewandt ist sie mit dreieckigen Steinen und mit
Pfeilern aus solchen Steinen gut geschützt, an denen sich das Wasser und im Winter das Eis teilt, in die beiden seitlichen Joche ab-
gedrängt wird und in schnellem Lauf und mit großem Rauschen
hindurchströmt, so daß man bisweilen sein eigenes Wort nicht
hören kann. Jedes Joch ist dreißig Werkschuhe[72] breit. Unten sind
die Steine mit großen Baumstämmen, mit Eisen und Blei gesichert.
Die Brücke besitzt drei schöne Türme. Sie ist 23 Schuhe breit und
1100 weniger neun Werkschuhe lang.

Es gibt zu den Wahrzeichen der Brücke die bekannte Sage (*es ist
der warzeichen auf der steinern bruckhen gemein sag*), daß gleichzeitig mit der Brücke, doch von einem anderen Baumeister, der
Dom zu bauen angefangen wurde. Man findet in einigen Chroniken, daß 1132 der Dom mitsamt fünf anderen Kirchen und Stiften
von einer verheerenden Feuersbrunst erfaßt (*von wilden feuer
angezundet*) und bis auf die Grundmauern abgebrannt sei. Es ist
gut möglich, daß der Wiederaufbau drei Jahre aufgeschoben
wurde und unterdessen Steine und anderes bestellt, gebrochen und
behauen wurden. Freilich meinen einige auch, daß dies im Jahr
1152 geschehen sei, da damals, wie man weiß und auch oben mit-

geteilt wird, zur Regierungszeit des 23. Abts von St. Emmeram, Albrecht, zwei Feuersbrünste in den hiesigen Stiften ausbrachen. Es ist aber glaubhafter, daß der Dom und die Brücke von zwei verschiedenen Baumeistern erbaut wurden, die aufeinander neidisch und sich feind waren, wie es häufig unter Handwerkern und solchen Leuten geschieht, die gemeinsam eine Kunst beherrschen (*die aneinander wie gemeinigelich unter handtwerckersverwanten und die einerley kunsten verstendig sein sollen pflegt zue geschehen, neidisch und feindt gewesen*). Dies zeigen die Wahrzeichen – so nennt man sie – an der Steinernen Brücke, wie das kleine, nackte und gleichsam aus dem kalten Bad der Donau heraufgelaufene steinerne Männlein, das auf der Tür einer Schleifmühle sitzt. Es trägt in einer Hand einen Zettel; darauf steht geschrieben „Schuck wie heiß" (*schu wie hauß*). Die andere Hand hält es über die Augen, wendet sich um und blickt den Dom an, als wenn es fragen wollte, wann denn der Dom fertiggebaut wäre. Es soll nämlich eine Wette zwischen den beiden Baumeistern ausgemacht worden sein, welcher sein Werk eher beendet haben würde. Diese habe der Brückenbaumeister gewonnen und als Zeichen dafür das Männlein aufgestellt. Als der Dombaumeister diesen Hohn (*schimpf*) bemerkte, soll er sich aus lauter Zorn dort heruntergestürzt haben. Ein weiteres Zeichen dieses Streits und des Hasses zwischen beiden Baumeistern ist der Hahnenkampf, welcher, in Stein gehauen, auf der Brücke zu sehen ist und, wie das Männlein, im Jahr 1510 renoviert wurde, wobei man auch den Stein auswechselte (*renovirt und der stein außgewechselt worden*). Man findet auch andere Wahrzeichen, so den größten und den kleinsten Stein, wobei letzterer dem größten eingepaßt ist. Damit wollte der Brückenbaumeister zeigen, daß sowohl der größte wie der kleinste behauene Stein der Brücke die gleiche Form hätten. Man glaubt, daß der, welcher dieses Wahrzeichen nicht kennt oder dessen Ursache nicht benennen könnte, nie in Regensburg gewesen sei. Weitere Wahrzeichen: Eine Eidechse[73], die aus der Donau heraufkriecht. Ein Stein, auf dem die ganze Brücke steht. Dort hat man vor Zeiten die Verbrecher (*ublthetter*) ertränkt und ins Wasser geworfen. Und was dergleichen mehr ist.

Ehrenhafte und glaubwürdige Bürger haben mir berichtet, daß vor vierzig Jahren ein armer, blinder sechzigjähriger Mann auf

dieser Brücke täglich seine Almosen und Nahrung von den her-
ein- und hinausziehenden Leuten eingesammelt hat, der jahrelang
üblicherweise mitten auf der Brücke in Höhe der Martersäule[74]
oder des Marterkreuzes saß. Wenn er jemanden vorübergehen
hörte und aus dem Gespräch der Leute ablas, welchen Standes sie
waren oder welchen Beruf sie hatten – wie Blinde von Natur aus
leichter verstehen und beurteilen können als andere (*von natur
leuffiger sein an verstand und urtl als andere*) – pflegte er ihnen
zuzurufen: „Oh ihr lieben Bürger, ihr lieben Metzger, Fischer"
(oder was auch immer er für ein Handwerk aus deren Worten
oder aus den Berichten der anderen erkennen konnte), „gebt
einem armen, blinden Mann um Gottes Willen ein Almosen (*ein
steuer*)." Nun begibt es sich, daß auch zwei Meßpfaffen (*meßpfaffen*) vorübergehen, die von ihren Köchinnen reden. Einer beklagt
sich beim anderen, daß er mit seiner Köchin nicht mehr auskommen könne; wenn er etwas sage, bekomme er immer für ein Wort
zehn nutzlose Wörter von ihr zu hören. Da der Blinde dies nun
vernimmt, hebt er wie üblich an: „Oh ihr lieben geistlichen Herren, gebt einem armen Blinden usw." Die Pfaffen (*pfaffen*) gehen
zu ihm und fragen ihn, woher er wüßte, daß sie Geistliche wären,
wo er doch nicht sehen könne. Er wollte es ihnen lange nicht
sagen. Schließlich aber, als sie ihn sogar beschimpften und nicht
glauben wollten, daß er wirklich blind sei, sprach er: „Liebe Herren, wenn ihr es nun wissen wollt, so paßt auf: Wenn ich solche
vorübergehen höre, die von Ochsen, Kälbern, Kühen, Schafen,
Fischen und dergleichen reden, kann ich mir schnell ausrechnen,
daß es Metzger, Fischer und dergleichen sein müssen. Nun weiß
ich aber keinen Handwerker (*handtierer*), der mit solchen Waren
umgeht (*wahren umgeht*), von denen Ihr gesprochen habt, nämlich von Köchinnen – außer eben ihr Geistlichen." Da erhob sich
ein großes Gelächter, viele liefen hinzu und standen dabei, als die
Geistlichen mit dem Blinden solche Wortwechsel führten (*wör-
telten*), denn schließlich sind auf der Brücke immer Leute. Die
Pfaffen hatten ihre Antwort und gingen davon, mußten aber
selbst über den Streich (*des bossens*) lachen.

Was man sonst an Bildnissen und Inschriften an dem mittleren,
äußeren und inneren Turm finden kann und was sie zu bedeuten
haben, davon soll im folgenden Kapitel einiges mitgeteilt werden.

Beschlächt und Mühlen des Oberen Wöhrds, gesehen von der Steinernen Brücke. Federzeichnung von Jakob Hufnagel, 1594 (Historisches Museum der Stadt Regensburg).

[Sebastian] Münster schreibt in seiner Kosmographie, Kaiser Trajan habe in der Gegend dieser Stadt auch ein besonders schönes Wunderwerk errichtet, eine Brücke, die in zwanzig Jochen über die Donau geführt wurde.[75] Das ist aber weit gefehlt, denn die Stelle dieser Brücke soll in Ungarn, unterhalb von Griechisch Weißenburg [= Belgrad] zu sehen ein. Es handelt sich um ein ganz anderes Bauwerk, das auch der Geschichtsschreiber Dio[76] bezeugt, der diese Brücke recht genau beschrieben hat.

Beim Mittelturm der Steinernen Brücke geht man auf einer Holzbrücke nach Westen und befindet sich am Oberen Wöhrd. Diese Brücke wurde 1502 auf Anordnung des Bauherren Jacob Schenckh errichtet, [des Angehörigen] eines damals sehr vornehmen hiesigen Geschlechts. Zuvor fuhr man auf einer Fähre (*farn*) zu den Mühlen über. Heute kann man hier unterschiedliche Mühlenarten sehen, wie Papier-, Gewürz- und Walkmühlen, vor allem aber die Sägemühle. Diese ist besonders sehenswert wegen der vielen und gut angeordneten Sägen, die aus großen Bäumen Bretter schneiden können. Auf wunderbare Weise (*wunderbarlicher weiß*) kann das Werk durch einen einzigen Mann gelenkt werden, so daß es Tag und Nacht läuft.

Auf der anderen Seite der Brücke, am Unteren Wöhrd, Richtung Osten, stehen neben zwei Schleif- und Poliermühlen auch drei Getreidemühlen, jeweils mit vier und fünf großen Gängen oder Rädern. Dort kann man an den Schwibbögen der Brücke sehen, welchen Schaden die Feuer verursacht haben, die am 7. Juli 1529 und im Jahr 1555 wüteten. Bei der ersten Feuersbrunst verbrannte die erste Mühle mit sechs Rädern und in der zweiten zwei andere Mühlen, eine mit sechs, die andere mit vier Rädern, sowie zwei Schleifmühlen bis zu den Grundmauern. Unterhalb der Holzbrücke, auf der man vom Unteren Wöhrd in die Stadt fährt oder geht, befinden sich allerlei Baustadel, Ziegelhütten, die Bleiche, Landestellen (*anfurten*) und Schiffsliegeplätze. Im Sommer bietet die Gegend zwischen den zwei Donauarmen einen angenehmen (*lustigen*) Spazierweg, bei dem man den Fluß Regen, von dem Regensburg seinen deutschen Namen hat, von Norden in die Donau münden sieht.

Vor dem St. Jakobstor Richtung Westen liegen zwei angenehme (*lustige*) Gärten der Stahl- [= Armbrust-] und der Büchsenschützen. Es sind Schießstätten mit großen, natürlich gewachsenen Linden und anderen gepflanzten Bäumen, der eine für die Stahl-, der andere für die Büchsenschützen, mitsamt ihren Sommerhäusern, wo sich die Bürger vergnügen (*darauf die burger allerley kurzweil pflegen*). Der Stahlschützengarten wurde erst 1514 eingehegt. Vorher schossen sie im Stadtgraben beim Jakobstor. Wann das Haus erbaut wurde, bezeugt die Jahreszahl über der Tür. Die Flügel oder Anbauten zu beiden Seiten wurden für das Stahlschießen 1586 erbaut, in welchem der höchste Preis 100 Gulden betrug. Es war großartig anzuschauen, dauerte 14 Tage. Allerlei Kurzweil und Spiele, die dort gehalten wurden, sind gedruckt verbreitet und von Peter Opel, einem hiesigen Bürger und Büchsenmacher (*büchsenschiffter*) kunstvoll in Kupferstichen dargestellt.[77]

Bürgerliche Begräbnisstätte bei St. Lazarus

Ferner das Lazarett [heute Stadtpark] mit der Kirche, gestiftet von Heinrich Zant, einem hiesigen Bürger im Jahr 1296, das mitsamt dem dort befindlichen Friedhof mit schönen Gemälden, Bildtafeln (*taffeln*) und Grabschriften geschmückt ist. Hier befindet sich auch ein abgesondertes Gebäude für infizierte Personen, wenn sich etwa Seuchen (*gefehrliche sterbszeiten*) ausbreiten.

Weih St. Peter-Friedhof

Neben dieser erwähnten bürgerlichen Begräbnisstätte gibt es noch einen anderen Friedhof vor dem Weih St. Peterstor im Süden, noch weit schöner, größer und prächtiger wegen diverser ansprechender Grabsteine und -schriften ehrsamer und um die Stadtgemeinde hochverdienter Leute, auch vieler angesehener Adeligen, die hier begraben liegen und vor ihrem Ende gewünscht hatten, aus Bayern hierher gebracht zu werden. Darüber hinaus wird in diesem Friedhof noch heutzutage ein Häuschen gezeigt, das dort im östlichen Teil steht und früher eine Kapelle war, die nach Muster, Form, Breite und Länge dem Heiligen Grab zu Jerusalem entspricht. Einst war in der Gegend des Friedhofs vor dem Weih St. Peterstor ein kleines Kloster gestanden, das den Schotten gehört hatte, wie man es noch am alten Gemäuer an der Straße sehen kann und wie es auch bereits oben dargestellt wurde.

– Der Friedhof aber wurde zwei Jahre später, im Jahr 1564, erstmals ummauert und um die Hälfte erweitert.

Vorstadt am Prebrunn. Am Gries

Durch die Vorstadt am Prebrunn, wo die Hafner (*hafner*) und Zillenbauer (*schopper*) wohnen, geht man in Richtung Westen auf einer großen und langen Wiese am Ufer der Donau entlang. Im Sommer ist dies ein angenehmer Spazierweg am Wasser bis zum Dörflein Winzer (*Weinzer oder Weinzier*) [am gegenüberliegenden Ufer], wo jenseits des Wassers nach Norden hin lauter hohe Weinberge liegen. Rechts, Richtung Süden, befinden sich ein schönes flaches Gelände und Getreidefelder (*traidpoden*). Kaiser Karl V. ritt während des Reichstages 1541 diesen Spazierweg fast jeden Abend zum Vergnügen (*lust halben*).

Von den Juden hinterlassene Steine und Begräbnisstätten: Gleich vor dem Tor liegt dort ein jüdischer Grabstein mit eingehauenen guten hebräischen Buchstaben. Dergleichen sieht man auch in die Erde versunken und aufgerichtet mitten in der Vorstadt beim Schöpfbrunnen. Es ist der Grabstein eines jüdischen Töchterleins. Solche jüdischen Grabmonumente mit hebräischen Buchstaben und Schriften findet man noch mehrere, hin und wieder an und in den Häusern und auf den Plätzen. Einige in die Wände eingemauerte, in die Erde eingelassene und aufgerichtete Steine können jene gut lesen und verstehen, die der hebräischen Sprache kundig sind. Da aber nichts sonderliches dabei zu erfahren ist, außer daß es sich um Grabschriften handelt und von den Rabbinern die Sprache aus der Heiligen Schrift des Alten Testaments verwendet wurde, hielt ich es für unnötig, ihrer ausführlicher und mit mehr Worten zu gedenken.

Darüber hinaus ist darauf hinzuweisen, daß die Juden in der Gegend dieser Stadt viele und unterschiedliche Begräbnisplätze zu den verschiedenen Zeiten gehabt haben, von denen besonders drei sehr namhaft waren: Die erste und älteste befand sich jenseits des Regens oberhalb von Sallern am Berglein. Die Stelle ist den dortigen Bauern noch dem Namen nach bekannt und heißt „in der Judenau" (*in der Judenaw*). Die Juden sollen es nach ihrer Ausweisung besessen und erneut als Begräbnisplatz verwendet haben, da sie noch am Regen oder in Stadtamhof wohnten. Man bemerkte, daß sie jeden Sabbath diesen Ort mit großer Andacht und Verehrung besuchten. Daher enstand vor Zeiten das Sprichwort: „Keiner könne über die Brücke in Regensburg gehen, ohne daß ihm ein Jude begegne oder daß er eine Glocke läuten höre." (*Es gehe einer nit uber die bruckhen zu Regenspurg, dem nit ein Jud begegne oder der nit ein glockhen leutten höre.*)

Den zweiten Begräbnisplatz besaßen die Juden zwischen der Stadt und Abbach am Berg Argle. Da es ihnen aber zu weit, verdrießlich und mühevoll war, mit ihren Toten so weit zu ziehen, kauften sie einen Platz oberhalb des kleinen Klosters Weih St. Peter, heute der Friedhof der Bürger, der zwischen dem Tor und dem Hochgericht am äußersten Berg [= Galgenberg] liegt. Über 309 Jahre haben sie diese ganze weite Fläche für ihre Begräbnisse benutzt. So waren hier derart viele Grabsteine der verstorbenen Juden aufgestellt, daß man 4200 von ihnen ausgegraben und nach ihrer [der Juden] Vertreibung in die Stadt hereingebracht hat. Die Steine wurden an verschiedenen Orten und Winkeln der Stadt eingemauert und verborgen und zum größten Teil im Fundament der Neuen Pfarre verbaut, wie man es noch in dortigen Hinweisen und Schriften findet. Dieser eben genannte Begräbnisort der Juden wurde von diesen so hoch geachtet, daß auch Juden aus Ungarn und anderen fremden Ländern (*nationen*) hergezogen kamen und ihn mit großer Verehrung betrachteten. Auch heute sollen sie noch mehr darüber bekümmert sein, daß er zerstört wurde, als über die eingerissene und zerstörte Synagoge, obwohl diese schön anzuschauen und prächtig (*ansehelich und herrlich*) gebaut gewesen sein soll (wie die alten Bürger noch von ihren Eltern her sagen), da hier [am Friedhof] viele ihrer [der Juden] Propheten und Rabbiner begraben sein sollen.

Die Juden sind den 20. Februar 1519 aus dieser Stadt vertrieben worden, wobei sie innerhalb einer Stunde weichen mußten. Es sollen ihrer über 580 gewesen sein. Das bezeugen ein Mönch von St. Emmeram, der zur selben Zeit lebte und das gesamte Geschehnis[78] beschrieben hat [= Christoph Hoffmann], sowie die Steine am Eck bei den vier Eimern [Viereimergasse] und zwei weitere am Bach [Untere Bachgasse], einer im Eckhaus auf der rechten Seite, wenn man vom Bach in die Gasse, zur Grieb (*zur grub*) genannt [Hinter der Grieb], hineingeht (das Haus gehörte damals Caspar

69

Amman; jetzt wohnt Herr Jonas Paulus Wolf, zur Zeit Stadtkammerer, darin), der andere befindet sich weiter aufwärts am Bach [Obere Bachgasse] und zwar auf offener Gasse, an der östlichen Seite, nächst der Kapelle zum heiligen Kreuz [Kreuzkapelle in der Oberen Bachgasse]. Obwohl von der Vertreibung der Juden und den Ursachen dafür im zweiten Teil ausführlich berichtet werden soll, so kann ich doch hier nicht übergehen, was Philipp Melanchthon von einem Gesellen der Juden (*judengenossen*) in einer Postille (*postill*) schreibt, in der er von den drei Teilen (*secten*) des jüdischen Volks zur Zeit Christi handelt (zum 18. Sonntag nach Trinitatis aus dem Evangelium nach Matthäus, 22)[79] und die Pharisäer dabei mit den heutigen päpstlichen Schriftgelehrten vergleicht, denen ihre Religion und Wissenschaft auch viel eintrage. Ich will seine Worte ins Deutsche setzen; sie lauten wie folgt:

„Ich habe bei Euch, meine Zuhörer, oft einer Sache gedacht: Einer, der vor dieser Zeit hier in Wittenberg war, wollte unbedingt ein Professor der hebräischen Sprache sein. Der sagte einmal zu guten Freunden: ‚Ei, was tue ich hier, habe ich doch das ganze Jahr nicht mehr als 100 Gulden. Ich kann nicht müßiggehen und verdiene doch nicht so viel, wie wenn ich im Regensburger Dom umherspaziere (*umbspazier*) und meine Horen bete. Dann kommen wie üblich zwei oder vier alte Mütterlein, von denen mir jede einen Batzen gibt, wofür ich eine Messe für sie halten soll. Je mehr es davon gibt, um so lieber ist es mir. Ich singe allen miteinander für ihr Geld eine Messe und jede meint, es sei die ihre. Trotzdem habe ich meine Beköstigung bei den Juden und muß nichts ausgeben.‘ Der Tropf entschloß sich, zog hier weg, traf es aber sehr übel, denn die Juden wurden gerade an dem Tag, als er von uns hinweg ziehen wollte, aus der Stadt Regensburg vertrieben. Er lebt noch und logiert bei einem Adeligen als Meßpfaffe (*meßpfaffen*), hat also auch dort seinen Unterhalt" – und hatte ihn noch, als dies Herr Philipp [Melanchthon] im Jahr 1557, am 18. Sonntag nach Trinitatis sagte. Er schließt elegant (*beschließt auch fein*) mit folgenden Worten: „Ebenso ging es bei den Juden zur Zeit Christi zu: Fünf davon kauften nacheinander ein Kalb um einen halben Taler, genau so wie beim Papsttum eine Messe vielen verkauft wurde." Damit beschließe ich das siebte Kapitel und greife das achte an.

Das achte Kapitel

Von alten römischen Steinbildnissen und Inschriften und dergleichen mehr denkwürdigen Altertümern und Gemälden, ferner auch Kunstwerken, die hier vor allem sehenswert sind

Wer zurückdenkt und weiß, was die Zeit und die Länge der Jahre bewirken, wie alles, was zunimmt, wieder abnimmt, was wächst, auch wieder stirbt und verdirbt und nichts auf der Welt ewig besteht, der wird sich auch nicht so sehr darüber wundern, daß in einer derart alten Stadt so wenig alte Denkmale (*monument*) gefunden werden und erhalten geblieben sind, besonders von den Römern, welche die Stadt über 520 Jahre lang innehatten. Denn wenn auch einiges von dergleichen Dingen hier früher zu sehen war, was auch nicht anders sein kann (*wie es nit fehlen kan*), so wurde dies zumeist zerbrochen, eingemauert, vergraben, ist wegen des Alters zerfallen, es wurde verdunkelt, die Schrift einwärts gekehrt. Bei erhaltenen [Steinen] sind Schrift und Buchstaben durch die Witterung und andere Einflüsse, auch wegen des Alters und der Länge der Zeit derart abgeschlagen und verstümmelt, daß man schier nicht wissen kann, was derartige Steine und alte Denkmale ursprünglich gewesen waren und was sie zu bedeuten hatten. Dies auch zum Teil wegen der Unkenntnis und Unachtsamkeit der Leute, bei denen alte silberne und goldene Denkmäler mehr gelten als alte Urkunden und Steine. Einige von diesen will ich aber hier erwähnen.

Am äußersten Turm der Steinernen Brücke, der nach der Meinung einiger Leute noch ein Teil des Haupttors der alten Stadt Hermannsheim sein soll, ist auf der Seite von Stadtamhof ein Stein mit drei heidnischen Bildwerken eingemauert. Den hält ein römischer Oberst oder Hauptmann, der hier zur römischen Besatzung gehörte und eine goldene Krone auf dem Kopf trägt (die früher aus Holz war, verfaulte und im Jahr 90 in Stein ergänzt wurde) gleichsam in der Hand. Er hat ihn zum Angedenken seiner Frau, der Mutter der Töchter und Söhne, der Verschwägerten und anderer Verwandten setzen lassen. Er hieß Marcus Aurelius[80] und dies geschah zur Regierungszeit des Kaisers Hadrian im Jahr 130 nach Christus. Demnach ist diese Antiquität (*antiquitet*) in diesem Jahr 1599 nach Christi Geburt gegen 1469 Jahre alt.

Auf der anderen Seite dieses Turms, der Stadt zugewendet, befindet sich gleich unter dem Dach ein steinernes Bildnis, das mit einem kaiserlichen Rock bekleidet ist. Der gemeine Mann hält es für ein Bildnis Kaiser Heinrichs[81], genannt der Vogler, weil der Figur ein Sperber auf der Hand sitzt. Das käme mir auch nicht so unglaubhaft vor, wenn mir jemand zutreffend (*eigentlich*) sagen könnte, zu welcher Zeit und von wem dieser Turm, der am Fuß der Steinernen Brücke steht, erbaut wurde. Denn daß er älter sei und länger stehe als die Steinerne Brücke, mit deren Bau erst über 200 Jahre nach den Zeiten Kaiser Heinrichs begonnen wurde, liegt nicht fern von der Wahrheit. Er stammt entweder von den Römern, was die alte Bauform (*form des alten gebews*) und die behauenen Steine vielfach bezeugen, oder wurde von Kaiser Heinrich erbaut, der sein Bildnis in diesem Fall selbst dorthin gesetzt hätte, als er diese Stadt und mit dieser Herzog Arnulf von Bayern, der gerne Kaiser gewesen wäre, im Jahr 920 angriff, bekämpfte und eroberte oder als er in den Folgejahren selbst hier seine Zeit verbrachte und Turniere abhalten ließ.

Sollte aber der Turm erst zusammen mit der Brücke gebaut worden sein, was nach allen Anzeichen als unmöglich erscheint, so gibt es wegen des Bildwerks Ursache genug, daran zu zweifeln. Jeder kann hier glauben, was er will. Ich habe sagen hören, dieses Bildwerk habe Kaiser [richtig: König] Otto IV. [von Braunschweig] aufstellen lassen, als er mit Kaiser Philipp III. [Philipp von Schwaben] viele Schlachten und Kämpfe um die kaiserliche Würde ausfocht und diese schließlich allein erhielt, als Philipp in Bamberg von seinem Widersacher[82] ermordet wurde. Denn da er [Otto IV.] ein Enkel von Heinrich dem Stolzen war, der mit Hilfe der hiesigen Bürger die Brücke gebaut hatte und ein Sohn Heinrichs des Löwen, des damals reichsten und mächtigsten Fürsten war (der später von Kaiser Friedrich [I. Barbarossa] geächtet, in die Fremde gejagt, von Land und Leuten verstoßen wurde und mit all den Seinen nach England zu seinem Schwager fliehen mußte) und zur kaiserlichen Würde und Hoheit gelangte, soll er beabsichtigt haben, mit diesem Bildwerk den Nachkommen ein Erinnerungszeichen an seine Herrschaft in Form einer *restitution in integrum* zu hinterlassen. Er betrachtet gleichsam Stadt und Land, aus denen sein Vater vertrieben wurde, und steht da als ein Held und Herrscher. Ein kleines Bildwerk[83] seines Vorgängers und Widerparts im kaiserlichen Amt, Philipps, Sohn Kaiser Friedrichs I., sitzt ihm in ruhender Haltung (*sizet und ruehet*) neben anderen Figuren am Mittelturm gegenüber und hält (neben einer Inschrift) in der Hand eine Kirche oder ein Häuschen.

Wie dem auch sei; jedenfalls befindet sich dieses Bildwerk über dem Kopf eines Mädchens, das Hörner wie ein Widder besitzt und mit lachendem Mund genau gegenüber auf einen Kopf mit Mütze blickt, der am mittleren Turm mit weit aufgesperrten Augen und bleckenden Zähnen, sowie mit verkürzten und verstümmelten Schultern hinauf griesgrämig zum erwähnten gehörnten Kopf blickt (*Dem sey nun wie im wölle, so steht solch bildt auf einen meidlin kopf, welchs hörner hat alß wie ein wider, siehet mit lachenden mund strackhs gegenuber auf den gemuzten kopf, der am mittern thurn auch mit weiten aufgesperten weiten augen und bleckheten zehnen und gleichsam abgekurzten gestumelten schultern hinauf gegen gemelten hornichten kopf grißgramet*). Was dies bedeutet und wozu dieses Bildwerk neben den anderen hierher gesetzt wurde, habe ich nicht erfahren können. Allerdings bezeugen die Chroniken, daß um diese Zeit, als es so übel um das römische deutsche Kaisertum stand, manche ungewöhnliche, seltsame, ungeheuerliche und wunderliche Geburten vorfielen, wovon man bei Aventin nachlesen kann. Unter anderem soll in dieser Gegend auch ein Kind geboren worden sein, das Hörner hatte wie ein Widder und das man im Mutterleib weinen und schreien hören konnte, vierzehn Tage, bevor es geboren wurde. Die andere Steinfigur am mittleren Turm mit der Krone auf dem Haupt gleicht einer Königin. Vielleicht ist es Frau Irene, die Schwester des Königs Alexius von Konstantinopel, die Gemahlin von Kaiser Philipp, oder es ist die Tochter von Philipp, eine Gemahlin Kaiser Ottos, welche allen Streit zwischen beiden schlichtete, oder irgend eine andere Person, von der die Stadt oder ein Stift etwas Besonderes erhalten hat. Ich will es nicht entscheiden (*außdiputirn*).

Am innersten Turm bei der Stadt sieht man das Reichswappen und eine Ehreninschrift, die ein Ehrbarer Rat und die Gemeine für Kaiser Rudolf II. anfertigen ließen, als er 1594 zu seinem ersten hier abgehaltenen Reichstag einzog, seiner Majestät untertänig zum Wohlgefallen.

Nun lassen wir die Steinerne Brücke sein und gehen vor dem oben genannten Bischofshof vorbei auf den Dom zu und suchen hier nichts anderes auf als denkwürdige alte Inschriften und Grabsteine. Diese sollten hier eigentlich (*woll nit unbillich*) in größerer Anzahl und aus früheren Zeiten zu finden sein. Da aber das Stift, wie oben mitgeteilt, immerhin dreimal bis zu den Grundmauern abbrannte, sind viele von ihnen verfallen, verschüttet, teilweise zerbrochen und später, wie man es beim Hochaltar sieht, als Pflastersteine verwendet worden. Jenseits des Jahrs 1200 nach Christi Geburt findet man meines Wissens in diesem Dom nicht viel. Vom Grab Bischof Seyfridts[84] hinter dem Hochaltar kann man noch etwas sehen. Der war einst der Kanzler Friedrichs II. und deshalb während des Streits zwischen Papst und Kaiser, von dem später berichtet werden soll, mehr auf kaiserlicher denn auf päpstlicher Seite, so daß er auch mitsamt dem Kaiser vom Papst mit dem Bann belegt wurde und in diesem auch gestorben sein soll. Der Wortlaut:

> *Regalibus hic Cathedratum Sigfridum stravit*
> *Mors et cinis cineravit etc.*

Das heißt auf deutsch:

> *Seyfridt von hohen geschlecht und stam*
> *Zu bischoflicher wurdt hie kam:*
> *Der tod in gleich wie andere nam,*
> *Ward wider, von der Er kam.*

Er starb am 17. März 1249 [richtig: 19. März 1246]. Nach diesem Seyfridt wurde Albrecht von Pittigaw[85] Bischof, der es mit dem Papst gegen Kaiser Friedrich II. hielt und schließlich von diesem seinen Lohn empfing. Er wurde von seinem Bischofsstuhl in ein Kloster verstoßen und mußte Albert dem Großen[86] weichen, der auch nicht hier begraben wurde, sondern das Bistum verließ und seinen Platz Leo, einem Bürgerssohn[87] einräumte. Dieser soll beim St. Andreas-Altar begraben liegen, mit folgender Grabschrift:

> *Hic jacet in tumba praesul Leo mente columba*
> *Nomine reque Leo, sit datus ipse Deo.*
> *Hie ligt der bischoff Lew im staub,*
> *Der ward im gemuett gleich wie ein taub.*
> *Er hieß Lew, hat ein Lewen muett,*
> *Jezundt sey er in Gottes huett.*

Er starb 1277. Ein Jahr zuvor war er bei Kaiser Rudolf [König Rudolf I. von Habsburg], als dieser die Stadt Wien belagerte, die sich später dem Kaiser ergab.

Diesem Leo folgte Heinrich[88] *von Rotteneckh*, der 33. Bischof, der selbst seine Totenfeier (*todenbesengnuß*) ausrichtete, vierzehn Jahre, bevor er starb. Er ordnete an, daß dieses Begängnis jedes Jahr mit allen Feierlichkeiten (*aller sollenitet*) durchgeführt werden sollte, mit Glocken, einer Ampel, Lichtern und anderen zugehörigen Dingen, als ob er bereits tot wäre. Er selbst nahm daran teil. Er ließ sich auch viele Jahre vorher sein Totenhemd (*todenkuttel*) anfertigen und dieses zu seinem Bett hängen, damit es ihn täglich an sein Verscheiden (*hinfahrt*) erinnere. Er liegt nächst dem obengenannten Bischof Seyfridt begraben, mit folgender Grabschrift:

> *Hanc Cathedram rexit Henricus quem petra texit,*
> *De Rodeneckh ortus, coeli pateat sibi portus.*
> *Dem bistumb Graff Henrich furstund,*
> *Ligt unter disem stein zu grund,*
> *Von Rotteneckh lobesang [sic!]*
> *Der himel soll ihm offen stahn.*

Dieser Bischof hat eine Neuerung (*reformation*) der Musik und des Chorals eingeführt, ließ auch deswegen kunsterfahrene und berühmte Mönche aus *Hailbrun* hierher bringen. Heute ist noch eine alte Musik[handschrift] bei St. Johann vorhanden, die ihm geschenkt wurde.

Der Nachfolger dieses Heinrich war Bischof *Conrad von Luppurg*[89], der am 25. Dezember [richtig: 26. Januar] 1313 starb und eine Inschrift am Marienaltar *(unser frawen)* besitzt:

> Hac servat fossa Conradi praesulis ossa,
> de Luppurckh natus, sit tibi Christe datus.
> *Bischoffs Conrads von Luppurckh gebein*
> *In diser grueben verscharret sein,*
> *Herr Christ, nimb ihn in dein gemein.*

Dies sind die frühesten Bischöfe, deren Grabstätten man hier findet. Die Namen sind noch gut zu lesen und an mehreren Stellen (*hin und wider*) im Dom zu sehen. Die Kronfahnen (*kronfahnen*), Schilde und Schwerter, die außerhalb des Chors in der Höhe aufgehängt sind, stammen aus dem Jahr 1532, als damals beim Reichstag ein junger König aus Dänemark verschied, dessen Eingeweide neben dem Herz Kaiser Maximilians II. nahe beim Hochaltar im Chor beigesetzt wurden. Was man sonst im Domstift sehen kann: Vielerlei in Gold und Silber eingefaßte Heiltümer, die in großer Anzahl vorhanden sein sollen und vor Jahren immer am St. Rupertstag mit großer Feierlichkeit auf einer eigens dafür vor dem Dom aufgestellten Bühne (*stuel*) dem Volk gezeigt wurden, ferner weiteren Schmuck der Altäre, der Kirche und des Stifts, diverse dort befindliche Wahrzeichen (*warzeichen*) und dergleichen mehr, danach kann sich jeder, der das wünscht, bei den Mesnern um eine Gebühr (*danckgelt*) erkundigen. Wer möchte (*lust hat*) und sich gerne Kunstwerke ansieht, findet ein schönes Stück (*ein fein stueckh*) am Frauenaltar bei der Tür, wo man vom Chor herabgeht, das von der Hand Albrecht Dürers stammen soll. Es stellt die Geburt Christi mit einem Engelschor dar und ist kunstvoll in der Form eines großen Tempels gemalt.[90] Im Kreuzgang findet man verschiedene gute und seltsame Grabinschriften von Begräbnisstätten alter Geschlechter, Wappen, Schilde, Helme und dergleichen, welche ich, weil sie wohl eines eigenen Büchleins und zusätzlicher Arbeit bedürften, diesmal auf sich beruhen lasse. Ich gehe auf Niedermünster zu.

Niedermünster

Hier ruht der heilige Erhard, an der linken Wand, dort, wo man von der Kirche in den Kreuzgang geht, mit folgender Inschrift:

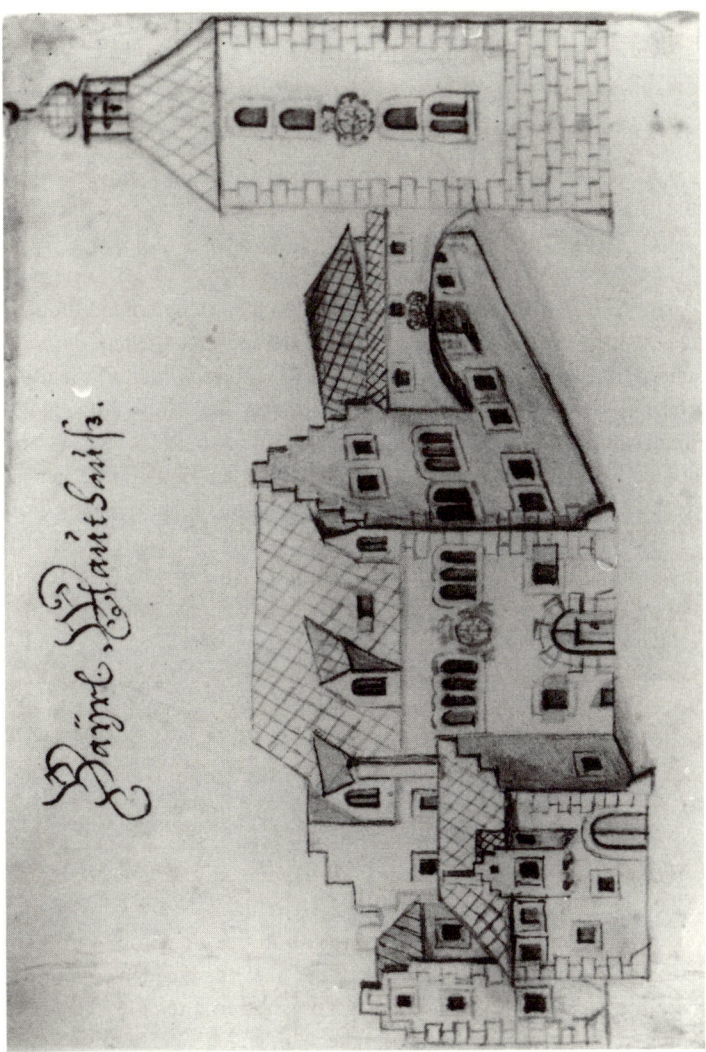

Blick auf das bayerische Mauthaus (ehem. bayer. Herzogshof) und den sog. Römerturm am Alten Kornmarkt. Federzeichnung, Anfang 17. Jahrhundert. Beide Gebäude tragen das herzoglich bayerische Wappen (Fürstlich Thurn- und Taxische Hofbibliothek).

Hie ist die begrebnuß des heiligen Herrn S. Erhardt, bischoff zu Hardiacen [?], der S. Ottiliam zum glauben bracht und getaufft hat, geborn auß Schottenland.

Oberhalb liegt sein Geselle Albertus, Erzbischof von Cassella, der einst hierher kam, um St. Erhard zu besuchen. Als er vernahm, daß Erhard schon tot sei, betete er zum Herrn, daß er bei St. Erhard ruhen und schlafen dürfte. Er soll bald erhört und neben ihm begraben worden sein. Man zeigt in dieser Kirche auch das Grab der Frau Gisela (*Geisel*), der Gemahlin Herzog Heinrichs II. von Bayern, der Großmutter Kaiser Heinrichs des Heiligen. Ferner liegt im Chor Frau Judith, die Stifterin, wie oben mitgeteilt. Man kann hier auch nach dem Büchlein von Marianus fragen, das oben im Zusammenhang mit den Schotten erwähnt wurde.[91]

Was am Alten Kornmarkt und in der Alten Kapelle zu sehen ist

Wir besuchen jetzt die Alte Kapelle. Wenn wir über den Kornmarkt gehen, sehen wir den dicken, starken und im unteren Teil aus römischem Mauerwerk[92] bestehenden Turm, der sich noch in sehr gutem Zustand befindet (*trefflich gesunde thurm*) und von dem ein Schwibbogen zum Herzogshof führt. Die Alte Kapelle, welche die erste Kirche der hiesigen Christen gewesen war und welche von St. Rupert geweiht worden sein soll, wird unterhalb der Stiege gezeigt, auf der man zu St. Michael hinaufgeht. [Dort sieht man] zwei steinerne Säulen aus rotem Marmor, auf denen einst die heidnischen Götzenbilder standen, welche die Mutter Gottes vertrieben und sich an ihre Stelle gesetzt hat.

Diese Kapelle hat später Kaiser Heinrich II. in die große Kirche, die von Anfang an mit Blei eingedeckt war, eingefangen und erweitert. Im dortigen Chor, auf der rechten Seite vom Hochaltar, ist sein Bild als Stifter der Kirche mitsamt demjenigen seiner Frau Kunigunde zu finden. Links neben dem Ziborium befindet sich das Marienbild, das der Evangelist Lukas mit eigener Hand gemalt haben und das durch den genannten Kaiser Heinrich aus Rom hierher gebracht worden sein soll, wie die Schrift daneben bezeugt. Vor dem Chor, mitten in der Kirche, liegt ein Herr *Von der Laiter*[93] [= della Scala] aus dem Geschlecht Dietrichs von Bern begraben. Sein Vater wurde mit drei Brüdern von den Venezianern vertrieben und im Jahr 1414 in die Fremde gejagt, obwohl sie doch Vicedomini und Amtsverwalter der kaiserlichen Majestät in *Bern* und *Vincenz* [Verona und Vincenza] zu Zeiten Kaiser Sigmunds waren. Das bezeugt der Schild, der über dem Grab hängt, samt der deutschen Grabinschrift:

> *Anno Domini 1490 hat der from wolgeborn Herr Johanes von der Laiter, Herr zu Bern und Vincenz, derzeit Vicedom in Niderbairn, löblicher gedechtnuß, sein lezte zeit mit hoher vernunfft am sambstag nach Elisabeth beschlossen. Des vatter und 3 seiner brueder sindt von ihren erblichen landt- und herrschafften durch die Venediger ohn alle rech[t]fertigung vertriben. Gott fuegs ihren nachkommen zum besten.*

Von diesem Geschlecht lebt noch Herr Joseph Scaliger[94] oder *Von der Laiter*, ein überaus gelehrter, in vielen Sprachen kundiger und der ganzen Welt unter gelehrten Leuten sehr bekannter Mann, heutzutage in Leiden in Holland.

Wer römische Antiquitäten sehen will, findet in der Kirche zwei in Stein gehauene Schriften. Eine befindet sich im versperrten Kirchhof auf der Seite zum Kornmarkt hin, mit vier Brustbildern. Sie ist die vollständigste (*ganziste*), die hier noch gefunden werden kann. Es handelt sich um ein Totengedächtnis[95], das eine Mutter ihren verstorbenen Söhnen, *Togius* und *Jungatus* genannt, setzen ließ. Die andere ist wegen der Länge der Zeit und durch die Unachtsamkeit der Leute unleserlich geworden und befindet sich am Pfeiler beim Ausgang aus der Kirche in den Kreuzgang. Rechter Hand findet man eine Gedächtnisschrift zu einer Schlacht, die zwischen römischem Kriegsheer und den Bayern bei Motzing unterhalb Pfatter (*Pfeder*) um das Jahr 94 geschlagen wurde, wie später an passender Stelle mitgeteilt werden soll. Über der unteren Kirchentür, die zur Pfaffengasse führt, ist ein sehr schönes Stück (*fein stuckh*) zu sehen, von dem die Künstler viel halten, nämlich die Abnahme unseres Herren Christus vom Kreuz und wie ihn seine Mutter beweint.

Pfaffengasse und Jesuitenkolleg

Nun wollen wir auch ein wenig zum Vergnügen (*lust halben*) durch die Pfaffengasse[96] [Schäffnerstraße] auf das Weih St. Peterstor zugehen und von dort bis St. Emmeram, da uns hier unterwegs Verschiedenes begegnet, besonders die schönen und prächtigen Paläste und Hauskapellen der Domherren in dieser Gegend, ferner das Jesuitenkollegium und die Kirche. Ich weiß nicht, welche mutmaßliche Antiquität aus der Zeit von Kaiser Antonius [Pius?] sich hier an der Ecke befindet, deren Besichtigung jedem leicht erlaubt wird, vor allem aber den Genossen ihres Aberglaubens und denen, die ihrer Kommunität zugetan sind.

Beim Weih St. Peterstor: Eine Antiquität, dem Aventin unbekannt

Rechts vom Weih St. Peterstor gibt es eine kleine Tür. Wenn man dort hindurch einige Schritte geht, findet man hinter dem Jesuitenkloster zu St. Paul, gegenüber der Stadtmauer, noch einige Teile der alten römischen Stadtmauer, die man deutlich sehen kann. Auf der linken Seite aber, am innersten Turm der Stadtmauer (wenn man zum Tor hinaus geht) befindet sich ein Keller und darin ein alter römischer Grabstein mit lateinischer Inschrift und einem Frauenbildnis. Den hat ein vornehmer Hauptmann von hier seinem verstorbenen Weib, den Kindern und Brüdern hinterlassen. Aventin berichtet nichts von diesem Stein; er hat ihn nicht gekannt. Draußen aber in Richtung des äußeren Tors befinden sich am eben genannten Turm drei menschliche Bildnisse, auch heidnische Werke, die zwar sehr von der Witterung und anderem Zerfall gezeichnet, doch noch kenntlich sind. Da steht ein Kind zwischen zwei Eheleuten. So pflegten die Alten einst eheliche Liebe und Treue darzustellen.

Am äußersten Turm auf der Brücke Richtung Osten liest man auf einem eingemauerten Stein folgende Inschrift: *Anno Domini 1383 von Pfingsten unz auf Michaelis hat man gebaut die ausser mauer unz zu den Bruckthor.* Dieses Brucktor[97] muß sich in der Gegend der St. Benediktus-Kapelle [Am Königshof] oder beim St. Klara-Platz [Dachauplatz] befunden haben, wie auch oben angedeutet. Derartige Steine, durch die man erfahren kann, in welchem Jahr jedes Stück der äußeren Mauern des Zwingers oder Grabens gebaut worden sei, findet man noch mehr, wie etwa von hier aus noch 600 Schritt nach Osten an der Zwingermauer vom Jahr 1383, wiederum unterhalb des Ostentors aus dem Jahr 1330 und anderswo, wie später mitgeteilt werden soll.

Tor bei St. Emmeram

Wir wollen auf dem Graben entlangspazieren (*hinumbspazieren*), in Richtung des Emmeramsklosters. Dabei gelangen wir (sofern wir die Begräbnisplätze der Bürger, die oben erwähnt wurden und hier in der Nähe zu sehen sind, umgehen wollen) zunächst zum in die Stadt hineinfließenden Wasser [Vitusbach, hier: An der Hülling], aus dem sich die Schwemmen und der durch die Stadt fließende Bach speisen, sowie zu dessen Auslaßöffnung in den Stadtgraben, [die angelegt wurden] um den Hirsch damit zu tränken.

Bei dem Turm des erwähnten Tores [Altes Emmeramer Tor] befindet sich in der Höhe ein steinernes Bildwerk[98] mit einer silbernen und vergoldeten Krone, wie man sagt und man es an der Stirn [der Figur] auch in etwa (*schier*) sehen kann. Es soll ein Bild Herzog Arnulfs I. in Bayern sein, der mit Kaiser [richtig: König] Konrad aus Franken und Heinrich dem Vogler um die kaiserliche Krone kämpfte, wie später noch mitgeteilt werden soll. Die Stadt wurde in dieser Gegend mit Mauern geschützt, nachdem sie von Kaiser Arnulf [von Kärnten] erweitert und mit Türmen an dieser Stelle befestigt worden war. Zuvor reichte sie nicht so weit hinaus, denn das Kloster lag bis in die Zeit Herzog Arnulfs vor dem Emmeramstor, wie auch an der alten römischen Stadtmauer gut zu ermessen ist. Kaiser Arnulf wollte auch das Kloster St. Emmeram in die Mauer einbeziehen [und hätte es auch getan], wenn er nicht vorher gestorben wäre. Später wurde das Kloster St. Emmeram in die Stadtmauer eingefaßt, was bereits von Kaiser Arnulf begonnen worden war. Er [Herzog Arnulf] verteilte diese Aufgabe unter seine Lehensmänner, die vornehmsten Herren in Bayern. Außerdem bezeichnete er sich als König in Bayern (weshalb seine Figur auch die Krone trägt), was ihm aber später verwehrt wurde, wie unten noch mitgeteilt werden soll. Jeder [der Lehnsleute] mußte einen Abschnitt zwischen zwei Türmen auf seine eigenen Kosten bauen lassen. Das ging zügig voran und geschah um das Jahr 898.

Was im Emmeramskloster zu sehen ist

Nun wollen wir ins Kloster hinein gehen und vor der Abtei den schönen, innen ganz mit Blei ausgefütterten Brunnenkasten[99] mit springendem Wasser besehen [Kurfürstenbrunnen]. Unten sind die sieben kurfürstlichen Wappen rundherum angeordnet. Bei

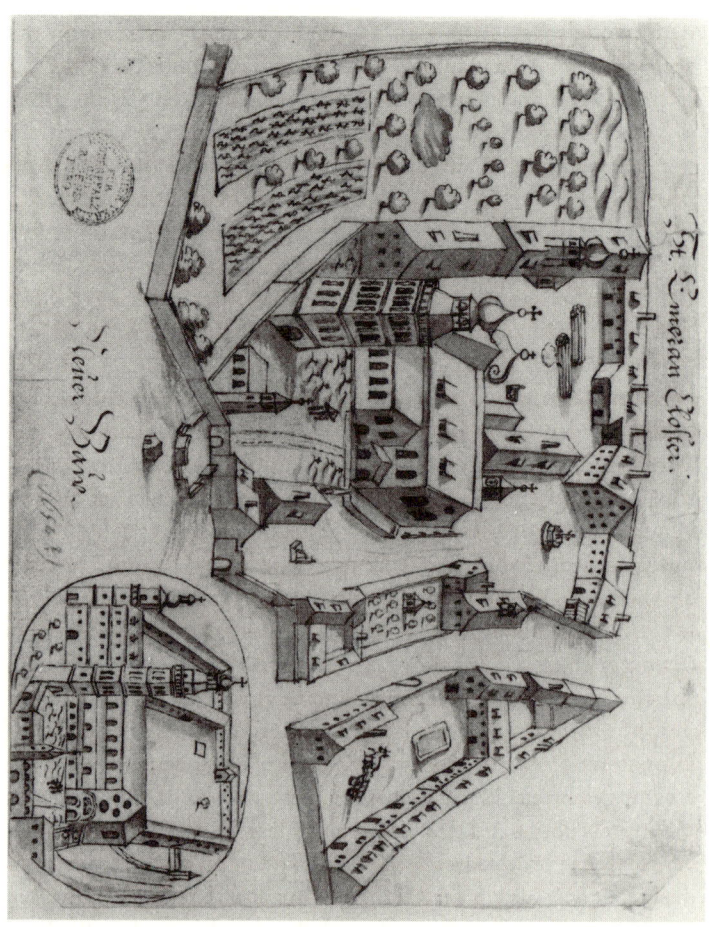

*Kloster St. Emmeram aus der Vogelschau. Lavierte Federzei-
chung, Mitte 17. Jh. Die Zeichnung gibt auch den Bauzustand vor
dem Umbau des 17. Jahrhunderts wieder (Historisches Museum
der Stadt Regensburg).*

dem mainzischen sieht man das Wahrzeichen, ein Kindlein mit sechs Fingern. Oben auf der Säule steht das Bildnis eines Kaisers in einem vollständigen Küraß, Arnulf oder Karl der Große.

Vor der Kirche, auf dem äußeren, allgemeinen Friedhof steht der schöne und gewaltige Glockenturm, welcher von Abt Ambrosius II. von Grund auf mit prächtigen Quadern erbaut wurde. Das soll etwa 18 000 Gulden verschlungen haben. Man hat von 1575 bis 1579, das heißt also vier Jahre, daran gebaut und gearbeitet. Der Abt war Sohn eines Bürgers und Maurers. Sein Bildnis sieht man oberhalb der Turmtür, vor einem Kruzifix kniend, mit guten lateinischen Versen an Herrn Christus, seinen Grabstein aber am Pfeiler, wenn man in die Kirche hineingeht, rechter Hand unterhalb der Orgel, gegenüber dem des Nachfolgers [richtig: Vorgängers] Abt Blasius. Richtung Westen über dem St. Dionysius-Altar steht geschrieben, bei welcher Gelegenheit der Körper von Dionysius den Parisern entwendet und hierher nach Regensburg nach St. Emmeram gebracht worden sei. Nun war aber St. Dionysius (damit man wisse, was es mit ihm für eine Bewandtnis habe) zu Anfang ein Heide und Beisitzer des Landgerichts (*landtgerichts*) in Athen in Griechenland gewesen. Von ihm spricht man oft in Passionspredigten, wenn man von den Wunderzeichen und der Sonnenfinsternis redet, die sich beim Tod Christi am Kreuz begaben. Denn als er [Dionysius] damals mit einem gelehrten Mann namens Apollophon in Ägypten bei Heliopolis über Land reiste, und unterdessen die Sonne dermaßen verdunkelt wurde, daß die Finsternis den ganzen Erdboden bedeckte, er aber als ein verständiger Naturkundiger wohl ermessen konnte – weil es bei Vollmond geschah – daß dies gegen allen Lauf der Natur wäre, schrie er überlaut auf: Entweder der Gott und Schöpfer aller Kreaturen müsse große Not leiden oder Himmel und Erde würden zusammenfallen. Dadurch gelangte er also von der heidnischen Abgötterei zur Erkenntnis des einzigen wahren Gottes, später auch des Evangeliums und des Herren Christus und wurde von dem heiligen Apostel Paulus getauft.

Diesen Dionysius haben später die Franzosen lange Zeit für ihren Apostel gehalten und glaubten, sein Heiltum und seine Gebeine würden unweit von Paris wohl verwahrt und verehrt. Auf welche Weise sie nach Regensburg kamen und erfreulicherweise

(*löblicher weiß*), wie es die Inschrift am Altar berichtet, denen in
Frankreich entwendet wurden, soll hernach in der Historie Kaiser
Arnulfs gemeldet werden. Papst Leo IX. hat dem Kloster Brief
und Siegel darüber gegeben, die beide noch vorhanden sind, man
möge fest glauben, das Heiligtum von St. Dionysius sei wahrhaf-
tig hier. Die Gebeine werden alljährlich in einem gänzlich silbernen Sarg[100], der vor etwa 100 Jahren zu diesem Zweck hergestellt
wurde, dem Volk mit großer Feierlichkeit präsentiert (*zu sehen
fürgesezt*). Unter dem erhöhten Chor, der St. Dionysius geweiht
ist, befindet sich eine Kapelle, in der die Gebeine von St. Wolfgang
ruhen und auch sein Altar gezeigt wird, auf dem er Messe gehalten
hatte. Die Gebeine Wolfgangs wurden von Papst Leo IX. im Jahr
1052 an diesen Ort gelegt. Der vorgemeldete Papst Leo reihte, als
er sich in diesem Jahr hier aufhielt, St. Wolfgang und St. Erhard
unter die Zahl der Heiligen ein und schrieb sie in den Kalender,
beschaute und berührte auch die Gebeine von St. Dionysius und
weihte, wie mitgeteilt, ansonsten noch die Kapelle Simonis und
Judae. Ferner stiftete er Frieden zwischen König Andreas aus
Ungarn und Kaiser Heinrich III. Aus besonderer Frömmigkeit
(*auß sonderlicher andacht*), die er diesem Kloster entgegen-
brachte, ließ er die Deckenflächen (*die dillen oben*) in der Kirche
bemalen. Heute ist noch ein sehr altes Gemälde[101] über dem Chor
zu sehen, [mit einem Motiv] aus der Offenbarung Johannis, wie
der Antichrist in der Christenheit hausen soll.

St. Wolfgangs Grab mitsamt seinem in Stein gehauenen Bildnis
sieht man an der Wand Richtung Süden mit einer ewig leuchtenden
Lampe und Inschriften an der Wand. Wolfgang war zwölf Jahre
Bischof hier und schied am letzten Oktobertag 994 von dieser Welt.
Oberhalb dieses Grabes im Winkel liegt Bischof und Abt Tuto,
Kanzler von Kaiser Arnulf, der im Jahr 898 starb.[102] Ganz nahe
daran, oberhalb der Tür, die zum Kreuzgang führt, befindet sich
ein schönes und künstlerisches Tafelbild[103], auf dem Johannes der
Täufer und Johannes des Evangelist ansprechend (*artig*) dargestellt
sind, in einer schönen Landschaft. Ein alter Doktor und Kanonikus
hat es für diesen Ort gestiftet, Albrecht Altdorfer, Bürger und Mitglied des hiesigen Rates, hat es gemalt. Das Grabmal des jetzigen
Abts Hieronymus Weiß[104], das er sich bei Lebzeiten erstellen ließ,
bietet am benachbarten Pfeiler einen schönen Anblick.

Da wir so nahe beim Kreuzgang sind, wollen wir vollends hinein gehen und die schönen Gemälde und Kapellen mitsamt anderen sehenswerten (*schauwirdigen*) Dingen betrachten. Rechts vom Eingangstor steht auf vier Säulen ein erhobener Stein mit dem Steinbildnis einer Jungfrau.[105] Am unteren Stein befindet sich ringsherum eine Inschrift, wonach der Stein von Junianus gesetzt worden sei, einem römischen Hauptmann, zum Gedächtnis zweier Frauen, nämlich seiner Mutter und seiner lieben Frau, derengleichen sonst nicht zu finden gewesen sein soll. Beide hätten Aurelia geheißen: *I. O. M. et perp. securit. et memoriae dulcissimae AVRELIAE, M. Aureliae per Aeli IUNIANUS coniugi incomparabili.* Etliche im Kloster machen aus diesen zwei Frauen eine Jungfrau Aurelia, eine Königstochter aus Frankreich, die nach Einwilligung von St. Wolfgang 52 Jahre lang (obschon dies im Gegensatz zur Zeitrechnung steht) als eine Einsiedlerin in dem Eck, wo sich heute die St. Andreas-Kapelle befindet[106], unter den Brüdern gehaust und schließlich 1271 auch dort verschieden sein soll. Ihr zur Ehren haben diese einen Reim gedichtet und auf den oberen Stein gesetzt:

> *Hic pia florescit Aurelia virgo sepulta,*
> *Quae poenas nescit coeli, dulcedine fulta.*
> *Aurelia, die jungfraw schon,*
> *Mit himlischen freudn angethon,*
> *Kein qual noch pein ist ihr bewüst,*
> *An disem ortt begraben ist.*

In der Benediktskapelle und wie auch oben in der Abtei vor dem Saal[107] sind die Äbte allesamt der Reihe nach in Brustbildern und mit der Länge der Regierungszeit auf einer Tafel dargestellt. Es ist aber auch sonst allerlei in diesem Kreuzgang zu sehen, vor allem oben und unten in der Kapelle beim Speisesaal ein Porträt des Malers Bocksberger unter den Aposteln sowie Saul unter den Propheten[108]. Wollte ich derartiges alles ausführlich (*nach der leng*) beschreiben, so würde ich allein für dieses Kloster einen Bogen Papier (*ein riß papier*) benötigen. Wir wollen wieder in die Kirche und in den Chor hinaus gehen und dort die Grabsteine und eine aufgemalte Geschichte von St. Emmeram in seiner Kapelle besehen. Ferner im Chor [die Grabsteine] Kaiser Arnulfs [von Kärnten] und

seines Sohns Kaiser Ludwigs [des Kindes], den einige für den Letzten aus dem Geschlecht Kaiser Karls des Großen halten. Kaiser
Arnulf starb Anno Domini 900, Ludwig dreizehn [richtig: 11] Jahre
später. Weiterhin liegt Graf Babo[109] von Scheiern und Abensberg in
diesem Chor begraben, welcher Kaiser Heinrich II. auf einer Jagd
32 eheliche Söhne überließ. Er hat darüber hinaus mit zwei ehe-
lichen Gemahlinnen noch acht Töchter gezeugt, wie später an passender Stelle noch ausführlicher dargelegt werden soll. Er liegt beim
Hochaltar begraben und ist den 5. März 1020 verschieden. Hier soll
auch König *Hilderig* oder *Ulrich* begraben liegen, der aus Frankreich von seinem Königreich in dieses Kloster verstoßen wurde und
Mönch werden mußte. Weiter Markgraf Georg aus Mähren.[110]

Und wenn es uns glückt (*und so es uns so guett werden könte*),
daß wir in die Sakristei hinter dem Hochaltar gelangten, würden
wir die schönen alten Privilegien und Stiftungsbriefe Kaiser Karls
des Großen, Kaiser Ludwigs, seines Sohnes, und anderer Herrscher sehen, vor allem aber das viel besprochene und weithin
berühmte (*das beschreite und weit erschollene berumbte*) Buch[111],
in welchem zwei Brüder die [Texte der] vier Evangelisten in alter
lombardischer Schrift mit goldenen Buchstaben geschrieben
haben. Außen ist es mit großen Edelsteinen und Goldleisten
mitsamt dem Siegelring Kaiser Arnulfs prächtig verziert. Höchst
wertvoll (*vil schaz werth*), hatte es Kaiser Karl II. zu schreiben
befohlen. Kaiser Arnulf brachte es mitsamt dem Heiligtum von
St. Dionysius aus Frankreich hierher, als er [Arnulf] von einer
Schlacht gegen die Normannen wieder zurückgekommen war.

Es ist noch ein älteres Buch vorhanden, das Bischof Reinhardt,
ein neunzigjähriger Mann, für König Pippin, den Vater Karls des
Großen, geschrieben haben soll. Es soll auch die Evangelien ent-
halten, aber in Reimen. Aventin bemerkt dazu, es solle im Jahr 754
an einen guten Freund gerichtet worden sein, der sich am Hof
aufhielt. [Der Autor] lehrt diesen, wie er sich verhalten solle. Es
wurde mit sehr alten, seltsamen Buchstaben geschrieben, die nicht
ein jeder kennt; aber doch lateinisch. Zuletzt sagt [der Verfasser]
folgendes: „Ich, *Weichter* [?], wiewohl ein Sünder, aber dennoch
ein Bischof, habe [dies] mit eigener Hand geschrieben, obwohl ich
sehr alt bin, über 90 Jahre, so daß mir alle Glieder wehtun, ich
darin große Schmerzen habe, die Hände zittern und das Augen-

licht schwächer wird, die Augen nicht mehr gut sehen können und es mir beinahe unmöglich wurde, weiter zu schreiben. Dennoch hat mich die Liebe bewegt, die ich Dir gegenüber hege – und ich willfahre ihr gerne – damit Du, da Du hoch in weltlichen Ehren stehst, nicht das ewige Leben verlierst und verwirkst, und Dir von Gott der Friede und das Leben vermehrt und verbessert werden, Amen. Dies geschah im dritten Jahr, als in Frankreich der fränkische König Pippin regierte, ein Sohn Herzog Karls. Im Brachmonat am 10. Tag habe ich das Büchlein geschrieben."

Es soll auch ein drittes altes Buch vorhanden sein, das vom Leben und von den Kriegstaten Attilas, des Hunnenkönigs berichten soll. Von ihm steht unter anderem darinnen:

Foedera supplicibus donat sternitque rebelles.
Die gnad begern thut er gewehren
Was sich niht legt, zu boden schlegt.

Dort befinden sich auch in Gold gefaßt vier Stücke des heiligen Kreuzes, an welchem Christus, unser Herr, gelitten hat, und drei Dornen von der Krone. Darauf befinden sich lateinische Verse:

De cedro truncus crucis est stipesque cypressus.
Brachia de palma pars est oliva suprema.
Des creuzes stam von cedern holz,
Der fueß vom cypres ein boltz.
Das zwerchholz auch von palmbaum gieng,
Das oberst oelbaum, daran Christus hieng.

In den Chroniken findet man, daß Kaiser Basilius von Konstantinopel dem Kaiser Ludwig durch einen Gesandten einen großen Karfunkel (*carfunckhel*) mit anderen kostbaren Edelsteinen, sowie ein Stück vom heiligen Kreuz nach Regensburg geschickt habe, und zwar im Jahr 868. Weiterhin hat Abt *Altho Tanstainer*[112] im Jahr 1361 die große Klaue eines Greifen, ähnlich dem Horn eines Ochsen, in Gold einfassen lassen, die auch dort verwahrt wird, ebenso wie das goldene Altärlein[113], das Kaiser Arnulf zu allen Zeiten zusammen mit seinen Kleinodien mitgeführt hat.

Doch wir gehen wieder in den Chor vor den Hochaltar zurück, der auf einem Hügel aufgebaut ist, auf dem viele heilige Märtyrer ihr Blut vergossen und von den ungläubigen Bayern bei der

Zerstörung dieser Stadt, wie auch zuvor unter der Herrschaft der heidnischen Römer, hingerichtet wurden, wie auch oben mitgeteilt. Daher wird dieser Hügel noch heutzutage der Marterbühel (*marterbuehl*) genannt. Darunter[114] befindet sich eine schöne und ansehnliche (*schöne lustige*) Kapelle, in die uns der Kustos führen kann, und die in ihrem Inneren Inschriften und Zeugnisse davon bewahrt, von dem wir jetzt berichten. Diese Kapelle wurde vom Abt Ramwold[115] im Jahr 980 gebaut, mit sechs Altären eingerichtet von St. Wolfgang, dem Vetter des Abts, geweiht.

Das Grab Aventins

Weil Johannes Aventinus, der vortreffliche und weithin berühmte Historiker, hier im Gottesacker gegenüber dem Glockenturm begraben liegt, der sich um das gesamte Haus Bayern, um diese Stadt und um andere sehr verdient gemacht hat, auch eine Zeitlang im Eckhaus bei den vier Eimern [Viereimergasse] gegenüber dem Judenstein gelebt hat, verlohnt es der Mühe, sich seine Grabschrift und sein in Stein gehauenes Brustbild[116] anzusehen. Er starb 1534 in seinem 68. Lebensjahr am 9. Januar. Seine große Mühe und Arbeit ist nicht, wie es gerechtfertigt gewesen wäre, von vielen Leuten anerkannt und belohnt worden, wie es denn üblicherweise auch in der Welt zugeht. Dieser Stein wurde auf Veranlassung von Herrn *Johan Teilenkäß*, Syndicus der Stadt Straubing, aufgerichtet. Seine [Aventins] Sinnsprüche [die auf dem Stein geschrieben stehen] lauteten *homo bulla*, das heißt, es steht um den Menschen ebenso wie um eine Wasserblase, ferner *dulde und leide*, womit er sich daran zu erinnern pflegte, was für ein niedriges und vergängliches Wesen der irdische Mensch sei, ferner, wie sich ein Christ männlich und mit unverzagtem Herz durch diese Welt hindurchschlagen, alles geduldig erleiden und tragen sollte, was ihm Übles widerfahre, da doch diese Welt nur ein Jammertal ist. Er war ein frommer, christlicher, gelehrter, in vielen Dingen erfahrener Mann, der sich um ganz Deutschland Verdienste erworben hatte. Er liebte alle, die sich in Frömmigkeit, in Ehrbarkeit und Wissenschaft übten und die der rechtschaffenen christlichen Religion zugetan und ihre Anhänger waren. Dagegen war er von Herzen ein Feind all derer, welche die Wissenschaften (*löblichen kunsten*) und deren Vertreter (*nachfolger*)

Boius Auentinus faciem sic gessit, & ora,
Atque habitu tali conspiciendus erat.
Magnus in historijs scriptor, ueterum monumenta
Explicuit: uiuet dum uagus orbis erit.

D O M
IOAN. AVENTINVS VIR SINGVLARI ERVDI.
FIDE AC PIETATE PRÆDITVS: PATRIÆ SVÆ
ORNAMENTO, EXTERIS ADMIRATIONI FVIT:
BOIORVM, ET GERMANIÆ STVDIOSISSIMVS:
RERVM ANTIQVARVM INDAGATOR SAGACISSIMVS:
VERÆ RELIGIONIS OMNISQ. HONESTI AMATOR.
CVI H M AD POSTERIT. MEMORIAM P EST
V IDVS IAN. ANNO M. D. XXXIIII.

Porträt des Geschichtsschreibers Johannes Turmair (Aventin). Kolorierter Holzschnitt aus der lateinischen Ausgabe seiner Bayerischen Chronik, die 1554 bei Alexander und Samuel Weissenhorn in Ingolstadt erschien. Auch Raselius verwendete diese Ausgabe. Die Abbildung entstammt einem Band der Regensburger Ratsbibliothek (Staatliche Bibliothek Regensburg).

verachteten, und derer, die zwar Glieder der christlichen Kirche sein wollten, sich aber mehr auf ihre eigenen vereinzelten Verdienste (*stueckhete verdienst*), als auf das einzig seligmachende Verdienst Jesu Christi verließen, auch weder Gott noch den Menschen, sondern allein dem Bauch, ihrem Abgott, dienten.

Wir aber müssen fort und hätten fast zwei sehr alte Gräber[117] in der Kirche übersehen: dasjenige Herzog Heinrichs des Bösen oder Zänkers, der ein Bruder von Frau Kunigunde war, der Gemahlin Kaiser Heinrichs aus Sachsen und das Herzog [Heinrichs I.] von Bayern, der ein Bruder Kaiser Ottos des Großen und Vetter Kaiser Heinrichs des Heiligen war, vom November 955. Beide liegen abseits, außerhalb des Chors auf der Nordseite, wie auch Frau Hemma, die Königin von Bayern, welche Obermünster gestiftet hatte, wie oben mitgeteilt wurde. Nun gehen wir wieder aus der Kirche hinaus und besehen uns seitlich von der Kirchentür den Stifter des Klosters Walderbach, Graf Otto von *Riettenburg und Stefing*, Burggraf zu Regensburg. Er war ein Sohn von Heinrich, ein Enkel Ruperts und ein Urenkel des Grafen Babo von Abensberg. Diese Vorkirche hat Abt Reginwart[118] im Jahr 1049 erbaut, wie dies sein Bild in einem Medaillon (*in ein rundel*) unterhalb der Füße des Heilands in der Höhe zwischen beiden Kirchentüren zeigt.

Wir wollen nun wieder zum Emmeramstor hinaus auf das Jakobstor zu. Ehe wir dorthin kommen, finden wir eine alte, in den Stein gehauene Inschrift an der äußeren Mauer des Zwingers unten, ganz nahe beim Deutschen Haus gegenüber des Abtsgartens, mit folgenden Worten:

> *Alß man zelt nach Christi geburtt 1337 dienstag vor*
> *Urbani ward das loch gefunden und 2 darin gefangen,*
> *die das loch grueben, und wurden nechsten freytag*
> *hernach in die zinnen gehangen.*

Es war Verräterei.[119] Diese zwei nennt Aventin *Probst* und *Heimeran* (während der dritte, ein böhmischer Baumeister (*werckhmeister*) entrann). Sie wollten Kaiser Ludwig aus Bayern die Stadt übergeben, wie an Ort und Stelle ausführlicher berichtet werden soll. Diese Stadt mußte, seit sie von Kaiser Friedrich I. befreit wurde, viele Angriffe von den Fürsten aus Bayern erleiden. Sie wurde von ihnen sogar belagert und zur Übergabe aufgefordert, wie später mitgeteilt werden soll, blieb aber seit damals doch noch [Stadt] des Heiligen Reichs.

An der inneren hohen Stadtmauer Richtung Norden beim Jakobskloster sieht man ganz in einem Winkel ein altes, zugemauertes Stadttor und Einlaßtürlein. Es war früher zweifellos ein Haupttor dieser Stadt und besaß, wie andere auch, Turm und eine Brücke über den Graben. Das bezeugt und zeigt die Straße von München, Augsburg, Ingolstadt, Abbach, ja ganz Schwaben, welche schnurgerade auf dieses zugemauerte Tor hinter dem Abtsgarten vom Argleberg zu führt, und heute noch bis zum Graben geht, sich aber danach teilt und zu beiden Toren läuft. Man muß nämlich wissen (*dan es zu wissen*), daß etwa vor 400 Jahren der ganze Teil der Stadt, den man heute den Jakobshof [Bismarck- und Arnulfsplatz] nennt und der Arnulfswinkel [Kreuzgasse] mit allen dazugehörigen Häusern und Gärten bis zum Heiligkreuzkloster und von da durch die Wollwirker- und Lederergasse bis zu den Weißgerbern auf dem Graben [Weißgerbergraben] außerhalb der Stadt und der Ringmauer lag und erst seit damals die jetzige Stadtmauer darum gelegt, die Tore verändert, der Graben erstellt und mit Zwingern versehen wurden. Das berichten diejenigen, die in ihren Schriften an die Stiftung der Klöster St. Jakob und Heilig Kreuz erinnern. Noch zu Menschengedenken wurde auch die Gasse, der Graben genannt, endgültig aufgeschüttet und gepflastert, während vorher der Bach [Vitusbach] in einem von Stecken gebildeten Graben hindurchfloß, über den verschiedene kleine Brücken und Stege führten. Dies bezeugen auch sechs in der Stadtmauer eingemauerte Steine, von denen wir zwei bereits erwähnten. Von dieser Art und diesem Inhalt ist auch der Stein, der an der Zwingermauer[120] gegenüber dem Schießgarten zu sehen ist [Stahlzwingerweg]:

> *Wol mueß ihn hie und dort gelingen,*
> *Die das werckh je gedachten zu volbringen,*
> *Das man von der Tonaw unz an die stadt [an die Stelle]*
> *Von S. Georgen meß unz her Galli [23.4.–16.10.] hat*
> *zue gebracht*
> *Das pflag Herr Ulrich Doctor Wöller*
> *Der dieser zeit wardt stadt cammerer.*

In welchem Jahr dies geschah und das Mauerstück gebaut wurde, berichtet ein anderer Stein: *A.D. MCCLXXXXIII hoc opus inceptum est in vigilia beati Georgii.* Dieser Stein wird unterhalb des Prebrunn-Tors gezeigt mit einem aus der Stadtmauer hervorstehenden (*fallenden*), in Stein gehauenen Löwen[121] (was diese Bastei anbelangt, dazu später). Das heißt auf deutsch: *Im jahr Christi 1293 ist diß werckh angefangen worden an S. Georgi abendt.*

Daß dort der Löwe aus der Stadtmauer fällt, hat auch seine besondere Bedeutung. Ebenso wie 1292 Ludwig II. [der Strenge], Pfalzgraf bei Rhein (der ein Enkel Ludwigs I. [des Kelheimers], des Herzogs in Bayern und Schwiegersohn Kaiser Rudolfs I. [von Habsburg] war, der auch das Kloster Fürstenfeld gestiftet hat, das oberhalb von München liegt) gegen die Augsburger Friedberg baute, versuchte er auch die von Regensburg (das wenige Jahre zuvor eine freie Reichsstadt geworden war) zu zwingen. Er erbaute Richtung Norden jenseits der Steinernen Brücke auf dem sogenannten Geiersberg [Dreifaltigkeitsberg] ein Schloß und eine starke Festung, die Landskron[122] hieß. Doch dann nahm er Geld von den Regensburgern und erkannte an, daß er diesen Bau nicht mit Recht erstellt hatte und ließ deshalb das Werk wieder einreißen und schleifen. So wurde Stadt und Bürgerschaft wiederum von den bayerischen Fürsten befreit.

Hier bei diesem Prebrunntor beginnt die Zählung der Türme, von denen sich 44 um die Stadt herum an der inneren Stadtmauer befinden, ohne diejenigen, die an der äußeren Mauer und in den Zwingern und Gräben gebaut sind. Am zweiten [Turm] abwärts zur Donau liest man an einem behauenen Stein folgendes: *Anno Domini MCCCXX hoc opus inceptum est in vigilia ascensionis Domini; in diebus illis fuit dominus etc. cammerarius etc.* Hieran kann man erkennen, daß es zur damaligen Zeit auch gelehrte und der lateinischen Sprache kundige Menschen[123] gegeben hat. Auf deutsch lautet der Spruch: etc. [sic!] Wer dieser Kammerer gewesen sei, kann man nicht mehr lesen, denn der Rest des Wortes ist vom Wetter zerstört. Doch man weiß, daß sich zu dieser Zeit der hiesige ehrbare Rat zum größten Teil aus Adeligen zusammensetzte, deren Adelsgeschlechter heutzutage noch in der [Oberen] Pfalz und in Bayern leben. Bekannt sind unter anderen die *Auer von Brünberg*, die *Krazer* oder *Balduin von Berbing*, der zu dieser Zeit hier Kammerer und Ratsmitglied[124] war.

Ein solches Bauzeugnis stellt auch der Stein über dem Ostentor[125] dar: *Anno Domini 1330 Martini hueb man an den graben mit der eussern maur.* Wenn man etwa 600 Schritt, wie oben auch angedeutet, vom genannten Tor in Richtung auf das Weih St. Peterstor zugeht, steht fast in der Mitte zwischen beiden Toren[126]: *Anno Domini 1383 von ..., unz auf Michaeli hat man gemauert von dem stadtthor biß zum burckhthor.* Hier am Prebrunntor wurde an der Donau eine Bastei gebaut, die nach einem eingefallenen Kirchlein St. Albani[127] heißt. Daran befinden sich außen an der Wasserseite in Stein gehauen dreizehn Menschenköpfe und mitten unter ihnen der Kopf eines Widders oder Bocks. Von diesen Köpfen reden die Leute viele seltsame Dinge. Die meistverbreitete Sage handelt (*die meiste sag ist*) von einem Basilisken, der in der Nähe, in einem Keller, gefunden wurde und viele Menschen und Priester, die ihn beschwören wollten, angeblasen und getötet haben soll. Neben den anderen Steinen befindet sich dort eine deutliche Lücke. Es sieht aus, als habe sich dort eine steinerne Tafel befunden, welche vielleicht von dieser Erzählung (*geschicht*) berichtet hat. Sie ist aber verschwunden.

In der Nähe, auf dem großen Platz vor dem zweiten Turm Richtung Süden, ließ Herzog Albrecht [IV.] von Bayern vor 110 Jahren, als er die Stadt innehatte, ein Schloß[128] bauen, mußte es aber, nachdem die Stadt wieder ans Reich kam, abbrechen. Nicht weit davon befindet sich an der Stadtmauer die Bastei, die wir kurz zuvor von außen bei den alten Steinen gesehen haben. Wann sie erbaut wurde, steht in Stein gehauen[129] dort:

Anno Domini 1529 belegert der turckh mit grosser heers crafft die stat Wien, aber er schuef nichts. Da wurdt dise pastey zu bawen angefangen und im 1530. jahr vollendet. Der zeit regierten in diser stadt Regenspurg die erbarn und weise herren mit namen Hanß Portner, Hanß Hirßdörffer, Urban Drinckhl, Simon Schwebl, Friderich Stoichs, Adam Kolner, Hanß Hezer, Wilhelm Wielandt, Wolfgang Steuerer, Hanß Weinzierl, Georg Saller, Ambrosi Amman, Albrecht Aldorffer [sic!], Carl Garttner, Georg Waldman, Christoff Glockhengießer, alle des raths und Hanß Reysolt, stadtschreiber.

In dieser Gegend gibt es sehr schöne Gärten, die mit Wasserkünsten (*wasserwerckhen*), Sommerhäuschen und andere Zierden prächtig ausgestattet sind, wie man verschiedentlich von außen sehen kann. Wer die Lust verspürt (*wer lust hat*), diese zu besichtigen, kann Einlaß begehren. Ich muß fort und von dem Übrigen [berichten], was noch Denk- oder Sehenswürdiges in der Stadt zu sehen ist, damit ich auch wieder einmal nach Hause komme.

Hier auf diesem Platz sieht man in der Nähe das Deutsche Haus bei St. Leonhard[130]. Auch das versperrte Nonnenkloster zum Heiligen Kreuz liegt hier gegenüber, dessen Gründung ich oben erwähnt habe. In dieser Gegend stand das kaiserliche Schloß (wie ebenfalls oben gemeldet), was der Turm am Arnulfswinkel noch anzeigt. Am Jakobshof [heute Arnulfs-, und Bismarckplatz] befinden sich etliche ansehnliche Behausungen, [worin die Fürsten und Herren], wenn sie durch Regensburg zogen, ihre Herberge[131] genommen haben. Gegenüber in der Jakobskirche liegt Frau Bertha[132] begraben, eine Tochter von *St. Ludolf* und eine Schwester Bischof Ottos, des Geschichtsschreibers von Freising[133], die im Jahr 1141 starb.

Bei den Barfüßern und Franziskanern [Minoritenkloster] befindet sich die alte Begräbnisstätte der Paulsdorfer[134], denen die Herrschaft zu Kürn, zwei Meilen von hier entfernt, über viele Jahre gehörte, ein kaiserliches Lehen, das Freiheiten zum Hetzen und Jagen bis nach Prag besessen haben soll. Das war in den Jahren 1297 bis 1597, in welchem der Letzte dieses Stamms und Namens starb. Mit ihm starb zugleich das Recht des Wetzsteins, welches dieses Geschlecht viele Jahre lang hier bei den Messerschmieden innehatte: Der älteste Handwerksmeister besaß einen Wetzstein, den ein Paulsdorfer unter bestimmten Bedingungen für das Handwerk gestiftet hatte. Wenn nun jemand kam und etwas im Namen der Paulsdorfer zu schleifen begehrte, so mußte das baldmöglichst geschehen. Etliche Siegel und Urkunden[135] sind zu diesem Betreff angefertigt worden. Das ist nun erloschen (*Ist nun hin und ab*).

Wer nun weiterhin gerne Grabschriften liest oder wünscht, die Wappen alter Geschlechter zu sehen, der kann sich ein stattliches Buch in allen Klöstern, Stiften und Kirchen, Friedhöfen, Kreuzgängen und anderswo zusammenlesen, innerhalb und außerhalb der Stadtmauer, auch auf den Friedhöfen der Bürger und zwar von vielen angesehenen Leuten und Personen von Adel, geistlichen wie weltlichen, die sich um Kirchen, Schulen und das Regiment der Stadt Verdienste erworben haben. Das ergibt eine eigene Arbeit.

Die Waag und das Rathaus

Wir wollen nun von den Begräbnisstätten (*klagheusern*) zur Trinkstube gehen, welche man auch „Auf der Waag" [die „Neue Waag" am Haidplatz] nennt, in welcher die Mächtigen der Bürgerschaft bisweilen um der Kurzweil willen zusammenkommen und sich mit guten Gesprächen und frischen Tränklein ergötzen und belustigen. Dieses Haus der Waag ist ebenso wie der Bischofshof und das Rathaus der Gemeinen Stadt wegen der kunstreichen Malereien innen und außen schön anzuschauen. Besonders die Herrenstube ist mit schmuckvollen bemalten Tapeten (*tuechern*) prächtig herausgeputzt. Von der Hand des weitberühmten Künstlers Bocksberger[136] stammen die Wappen verschiedener vornehmer Bürger und auswärtiger Adeliger, vor allem aber der regierenden Ratsherren, in Medaillons (*rundeln*) eingefaßt und sehr angenehm (*lustig*) zu betrachten. Ebenso [ist] ein Tisch [sehenswert], der bald rund, bald viereckig gemacht werden kann. Ferner die schwarze, runde Tafel beim Ofen an der Wand, die über der Tür hängt, worauf die Namen der verstorbenen Ratsherren und die Zeit ihres Verscheidens innerhalb der letzten dreißig Jahre stehen. Mitten darin befinden sich drei Totenköpfe, über denen drei lateinische Wörter geschrieben sind: *Vive memor Lethi*. Dadurch werden diejenigen, die von ungefähr dorthin kommen und diese Tafel anschauen, an ihre Sterblichkeit erinnert und daß es mit ihnen einmal auch diesen Weg gehen werde, fast nach Art der alten, weisen Ägypter, die bei ihren Gastmälern und Gelagen (*gastereien und wolleben*) ein Totenbild herumgehen ließen. Einer nach dem anderen mußte es in die Hand nehmen, es ansehen und zum anderen sagen: Siehe, heute oder morgen wirst Du auch so werden.

Rathaus

Wir aber ziehen zum Schluß auf das Rathaus der gemeinen Stadt, wo nicht nur diejenigen, deren Namen und Wappen wir auf der Stube sahen, ferner ihre Vorfahren und großen Ahnherren saßen, sondern auch Kaiser, Könige, Fürsten und Herren. Sie ließen sich oft in ihrer Pracht sehen, nämlich im schönen und weitläufigen

Blick auf das Alte und Neue Rathaus in Regensburg. Aquarellierte Federzeichnung von Andreas Geyer, um 1722 (Historisches Museum der Stadt Regensburg).

Saal, wo sich die kaiserliche Majestät mit den Kurfürsten, Fürsten und den anderen Ständen des heiligen Reiches zu versammeln pflegen. Eine gefällige Ansicht[137] (*ein lustiger prospect*), nach welcher man den Hauspfleger fragen kann, befindet sich dort, [worauf man sehen kann] an welchem Ort die Stände des Reichs der Ordnung nach sitzen, wenn die Wände rundherum mit prächtigen Tapeten und gestickten Gobelins (*mit herrlicher tapezerey und gestickhter arbeit*) behängt, die Stühle und Bänke mit goldenen, silbernen, samtenen und seidenen Stoffen (*stuckhen*) bedeckt sind und alles auf das herrlichste und prächtigste geschmückt zu sein pflegt. Bevor man in die Ratsstube hineingeht, wie auch im Raum selbst stehen auf einer schwarzen Tafel[138] gute Reime, durch die die Ratsherren täglich an ihr Amt erinnert werden:

> *Ein jeder rathherr, der da gath*
> *Von seins ambts wegen in rath,*
> *Soll sein ohn alle böse affect*
> *Dardurch sein herz wirdt bewegt*
> *Als freundschafft, zorn und heuchlerey*
> *Neid, gunst, gewalt und tyraney*
> *Und sein durchauß ein gleich person*
> *Dem armen alß dem reichen man*
> *Durch sorgen fur die ganze gemein*
> *Derselben nuz betrachten fein*
> *Dan wie er richten wirdt auf erden*
> *So wirdt ihn Gott auch richten werden*
> *Am Jungsten Tag nach seinem rath*
> *Den er ewig beschlossen hatt.*

In der Ratsstube befindet sich auch ein sorgfältig gemaltes Kunstwerk mit einer Abbildung der Tugenden, die bei einem wohlbestellten Regiment, gleichsam durch eine goldene Kette verbunden, gepflegt werden (*im schwang gehn*). Isaac Schwendner, ein sehr feiner Künstler[139] und Beisitzer des ehrbaren Bauamts, hat es gemalt.

Amtsstuben

Bei diesem Rathaus gilt es auch zu beachten, daß neben der Ratsstube (in welcher sich die sechzehn Herrn des Inneren Rats täglich zu versammeln und Rat zu halten pflegen, unter welchen sich sechs

Stadtkammerer befinden, von denen jeder ein viertel Jahr sein Amt versieht) auch neun weitere Gerichts- und Amtsstuben zu finden sind, wobei diese Stuben alle unter einem Dach (*unter einer dachung*) gelegen sind und man von einer in die andere gehen kann. Da ist zunächst die Doktorstube, in der man zu geeigneter Zeit auch das Konsistorium zu halten pflegt, weiterhin sind es das Stadt- oder Schultheißen- und das Hansgericht, in denen jeweils der Schultheiß und der Hansgraf als Vorsitzende mit je zwölf dazu abgeordneten Assessoren und Urteilern bürgerliche Händel und Streit, alle anderen Verwirrungen und allen Zwiespalt zu erörtern und zu schlichten pflegen. Über die genannten Gerichte hinaus gibt es noch andere Ämter, wie das Steuer-, das Ungeld-, das Bau-, das Vormund- und das Almosenamt mitsamt den Kanzleistuben. In diesen Ämtern sind jeweils zwei Mitglieder des Äußeren Rats, zwei von der Gemeine und ein Herr des Inneren Rats als der Oberste des Amts mit ihren Schreibern und Amtsdienern zur Führung ihrer Geschäfte abgeordnet und dort auch täglich zu finden.

Erzählung und Denkmal von Dollinger

Gegenüber dem Rathaus steht ein großes, hohes Haus[140], das heute Herrn Doktor Johann Dirmair gehört, einem Advokaten der Gemeinen Stadt. Darin kann man auch eine schöne Antiquität (*antiquitet*) sehen, die in Gips an der Wand befestigt ist. Dargestellt ist Kaiser [richtig: König] Heinrich I., der mit seinem Habicht [auf der Hand] auf einem Pferd reitet, ferner der Kampf, der sich zwischen einem Sarazenen oder Türken und dem Dollinger hier begab. Ich muß die *histori* erzählen, wie es herging.

Zu der Zeit Kaiser Heinrichs I. im Jahr 924 (einige sagen 930) kam ein ungläubiger Heide nach Regensburg, um hier um Leib und Seele zu turnieren (*stechen*). Er war Schuldner (*pfendtner*) des Teufels. Und weil er bereits andere besiegt hatte, wollte sich keiner mit ihm messen (*wolt sich seiner keiner annemmen*). Da gelangte die Aufforderung zum Kampf (*die handlung*) zu einem Bürger, genannt der Dollinger, welcher auf Tod und Leben (*auf den halß*) gefangen lag, ob er dies auf sich nehmen wolle. Sollte er siegen, würde er frei sein. Er stimmte dem zu. Und als er mit seinem Rittmeister zu den Schranken (*dem baugerüst*) kam, um dem Heiden mit eingelegtem Speer zu begegnen, wandte sich ihm

dieser gleich dreifach (*selbdritt*) mit drei Speeren zu. Und als der
Dollinger seinen Rittmeister fragte, welchen er berennen sollte,
hat er ihm im Namen des Allmächtigen und unseres Herrn Jesus
Christus befohlen: den Mittleren. Da stach er den Heiden durch
sein Visier tot. Diese Geschichte ließ er [Dollinger] kunstreich mit
großen Steinen in seinem Haus gegenüber des Rathauses abbil-
den. Dabei befindet sich auf einer Tafel aus Pergament diese Geschichte in der Form eines deutschen Liedes, wie es denn auch in
dieser Zeit Brauch und Gewohnheit unserer Vorfahren, der alten
Deutschen, war, daß sie von denkwürdigen Erzählungen und rit-
terlichen Taten Lieder und Reime verfaßten und die Erinnerung
daran (*deren gedechtnus*) den Nachkommen überbrachten. Auf
Grund seines Alters und weil es nicht mehr allgemein bekannt
sein wird, ist dieses Liedlein es wohl wert, daß ich es hier Wort für
Wort aufschreibe. Es lautet so[141]:

*Es rait ein Turckh auß Turckhenlandt, er rait
gen Regenspurg in die stadt, da stechen wardt,
von stechen wardt in woll bekandt.
Da rait er fur des keisers thur, ist jemandts*

*hie, der kom herfur, der stöchen wöll umb
leib und seel, umb guett und ehr und daß dem
Teuffel die seel werdt.*

*Da warn die stecher all verschwigen, keiner wolt den
Turckhen nit abligen, dem leidigen man, der so trefflich
stechen kan.*

*Da sprach der könig zornigelich, wie steht mein hoff
so lesterlich, hab ich kein man, der stechen kan umb
leib und seel, umb guett und ehr, und das unsern
Herrn die seel weer?*

*Da sprang der Dollinger herfur, wol umb, woll
umb, ich mueß hinfur an den leidigen man, der
so trefflich stechen kan.*

*Das erste raiten, das sie thetten, sie fuhrten gegen
ein ander 2 scharffe sper, das ein gieng hin, das
ander her. Da stach der Turckh den Dollinger ab,
daß er an den ruckhen lag.*

*O Jesu Christ, stehe mir jezt bey, stecken mir ein
zweig, sindt irer drey, bin ich allein und fuhr
mein seel ins himelreich.*

*Da rait der keiser zum Dollinger so behendt, er
fuhrt ein creuz in seiner hendt, er strichs dem
Dollinger uber seinen mundt, der Dollinger
sprang auf, was frisch und gesundt.*

*Das ander raitten, das sie thetten, da stach der
Dollinger den Turkchen ab, das er an den ruckhen lag*

*Du bereuter Teufel nun stehe in bey, seindt ihrer
drey, bin ich allein und fuhr sein seel in die bitter
helle pein.*

Diese Geschichte ist auch am Rathaus aufgemalt, über der Doktorstube, und mit der Jahreszahl 930 versehen. Das Geschehen fand auf der Haid [dem Haidplatz] statt, wie man den Platz vor der Trinkstube nennt. Das Geschlecht der Dollinger lebte lange Zeit in dieser Stadt (*lange zeit bey diser statt herkomen*), wie das seine Begräbnisstätte bei den Barfüßern bezeugt. Einer der letzten [Nachkommen] war im Jahr 1500 noch am Hof Maximilians [I.]. Ihr Wappen [zeigt] einen weißen Strauß mit einem Hufeisen im Schnabel, in einem Schild auf einem Helm zwischen zwei Hörnern. Die Kampfrüstung hing in Niedermünster an der Wandseite des Grabes von St. Erhard bis zum Jahr 1524 und wurde dann abgenommen (*abgeworffen*), was zur Erinnerung (*dem gedechtnus*) an das Geschehen gerechterweise gehört. – Was das dritte große steinerne Bildwerk mit dem Raben und Ring [Darstellung des Heiligen Oswald] bedeutet, das auch dort an der Wand steht, ist mir unbekannt.

Wer weiter Lust verspürt, schöne Gemälde und kunstvolle Stücke zu sehen, wie die Ausschaffung unseres Herren und Heilands Christi in der Neuen Pfarre über der Tür, wo man aus der Sakristei in die Kirche hineingeht (diese Tafel wurde von einer adeligen Frau hierher gestiftet und soll 400 Gulden kosten), oder wie in dieser Kirche beim Predigtstuhl die Stiftung des Abendmahls, oder wie andere angenehme (*lustige*) und schöne Historien, Bildwerke, Gemälde, so wird dieser Grabschriften in erheblicher Anzahl auf beiden Friedhöfen der Bürgerschaft finden, sowohl vor dem Weih St. Peterstor wie vor dem Jakobstor bei St. Lazarus.

In der Bibliothek oder Bücherkammer des Domkapitels – so schreibt Aventin – habe er ein altes chronologisches Verzeichnis (*geschicht register*) und einen Stammbaum (*stamzetl*) des fürstlichen Hauses Bayern gefunden, auf Pergament ansprechend (*arttlich*) und knapp zusammengefaßt. Es soll ein gutes Latein sein, viel besser als es vor ungefähr 300 oder 400 Jahren der Brauch gewesen ist. Dabei ist kein Autor genannt. Darin wird der Ursprung des Geschlechts der bayerischen Fürsten von Herkules hergeleitet.

Es befinden sich auch bei den anderen Stiften und Klöstern, wie bei den Franziskanern, den Dominikanern und vor allem bei St. Emmeram schöne alte Bibliotheken. In dieser, so schreibt Aventin, „habe ich gute alte lateinische Verse gefunden von alten deutschen Königen und Heldentaten, welche auf Befehl Kaiser Karls des Großen von deutschen alten Liedern ins Lateinische übersetzt wurden. Sie sind aber nicht vollständig und aus mangelnder Fürsorge der ungelehrten Mönche und Pfaffen mit anderen dergleichen Büchern verloren gegangen." Weiterhin ist auch die Bibliothek der gemeinen Stadt in der Poetenschule gut ausgestattet und mit [Werken] vieler verschiedener Autoren gefüllt. Davon berichte ich nichts mehr weitläufig, sondern beschließe mit diesem Kapitel den ersten Teil dieses Büchleins[142].

Namens- und Ortsregister

(Die Jahreszahlen bezeichnen generell die Lebensdaten, bei Amtsträgern und Herrschern die Regierungsdaten). Bf. = Bischof, Hl. = Heiliger, Hzg. = Herzog, Kg. = König, Ks = Kaiser, Mgf. = Markgraf, P. = Papst.

Werden keine anderslautenden Angaben gemacht, sind die Könige und Kaiser des Heiligen Römischen Reichs, die Herzöge von Bayern und die Bischöfe von Regensburg gemeint.

Anmerkungen

[1] **Burggeding:** Im Hochmittelalter bezeichnete das „Burggeding" eine Versammlung der Regensburger Bürger (vgl. dazu C.T. Gemeiner, I (1800/1987), S.322f.). Raselius überträgt, dem Sprachgebrauch seiner Zeit folgend, den personenbezogenen Begriff auf das Stadtgebiet, das von der Stadtmauern und ihren Toren begrenzt wird.

[2] **Brücke:** Raselius bezieht sich hier auf die Regenbrücke von Reinhausen, die 1194 erstmals erwähnt wurde. Vgl. K. Bauer (1997), S.682f.

[3] **Landstraßen:** Gemeint ist das „Itinerarium Antonini", ein Verzeichnis römischer Reichsstraßen mit Entfernungsangaben aus der Zeit von Kaiser Diokletian (284–305). Hier wird im Abschnitt über Raetien auch der Ort „Regino" erwähnt.

[4] **Italische Legion:** Richtig: die dritte Italische Legion.

[5] **bayerischer Dichter:** Metellus vom Tegernsee (gest. zw. 1165 und 1186) gilt als einer der bedeutendsten lateinischen Dichter Süddeutschlands im 12. Jahrhundert.

[6] **Hermansheim:** Raselius übernimmt im folgenden die phantastische Königsreihe der „alten Deutschen" vom bayerischen Geschichtsschreiber Aventinus (Johannes Turmair).

[7] **Christoph Ostrofrancus:** Christophorus Ostrofrancus (= Christoph Hoffmann): De Ratispona metropoli Boioariae et subita ibidem Judaeorum proscriptione, Regensburg 1519. Diese antijüdische Schrift über die Judenvertreibung wies die Schuld am wirtschaftlichen Niedergang Regensburgs vor allem den Juden zu. Sie beeinflußte stark die spätere Regensburger Geschichtsschreibung der frühen Neuzeit.

[8] **Hieronymus Streitel:** Prior des Regensburger Augustinerklosters, gestorben bald nach 1519, einflußreicher Sammler von Texten zur Regensburger Geschichte.

[9] **der Reihe nach berichten:** Hier fehlt in der Handschrift Cgm 3019 ein Blatt; die Lücke reicht bis „eine derart volkreiche und günstig gelegene Stadt" im folgenden Kapitel. Der Text ist nach der jüngeren Handschrift Cgm 6618 der Bayerischen Staatsbibliothek ergänzt.

[10] **Metropolis Salisburgensis:** Wiguleus Hund: Metropolis Salisburgensis, Ingolstadt 1582. Hunds Werk ist eine der wichtigsten Informationsquellen für Raselius.

[11] **Kardinal und Herzog in Bayern:** Philipp Wilhelm Herzog von Bayern (1579–1598). Vgl. K. Hausberger (1989), I, S.324–329.

[12] **Bischof Lupus:** Wohl fiktiver Regensburger Bischof, der 489 als erster Oberhirte nach Regensburg gekommen sein soll. So berichtet jedenfalls Hund (s. Anm. 10), S.53.

[13] **Lucius von Kyrene:** Hier werden fälschlich Lucius von Kyrene, ein antiochenischer Lehrer und Prophet (Apostelgeschichte X III, 1) und der Heilige Lucius, eine Christ in Korinth (Römer XVI, 21) zu einer Person zusammengezogen.

[14] **Dominus:** Legendarisch; die Frühgeschichte des Bistums Passau kennt keinen Bischof Dominus zur Zeit Konstantins.

[15] **in Augsburg gedruckt:** Historia ab Eugippio ante annos circiter MC scripta (...) Ex bibliotheca S. Emmerami Reginoburg nunc primum edita (...) [Vita Severini], hg. v. [Marcus Welser], Augsburg 1595

[16] **Paulinus:** Ein weiterer fiktiver Bischof der Regensburger Frühzeit. Raselius übernimmt hier eine alte Fehlinterpretation der Vita Severini.

[17] **Lupus:** Vgl. oben Anm. 12.

[18] **Gruftkapelle:** Die Ostapsis von St. Emmeram erhebt sich auf der Innenwand einer Ringkrypta, die 791 erstmals als Emmeramskrypta bezeichnet wird.

[19] **Adelwein:** Adalwin (791/92–816/17). Vgl. K. Hausberger (1989), I, S. 34–36. Mit der Kirche St. Stephan ist die Stephanskapelle gemeint, die sich nördlich an den Domkreuzgang anschließt.

[20] **Bischof Leo:** Leo Thundorfer (1262–1277). Vgl. K. Hausberger (1989), I, S. 130–135.

[21] **Graf von Roteneck:** Heinrich II. von Rotteneck (1277–1296). Vgl. K. Hausberger (1989), I, S. 186–189.

[22] **Albrechts III.:** Albert III. von Stauffenberg (1409–1421). Vgl. K. Hausberger (1989), I, S. 203–207

[23] **Nikolaus:** Nikolaus von Ybbs (1313–1340), Vgl. K. Hausberger (1989), I, S.190–194.

[24] **Moosburger:** Johann I. von Moosburg (1384–1409). Vgl. K. Hausberger (1989), I, S. 201–203.

[25] **Staufer:** Vgl. oben Anm. 22.

[26] **Albertus der Große:** Albertus II. Magnus (1260–1262). Vgl. K. Hausberger (1989), I, S. 127–130.

[27] **Bischof Kuno:** Konrad (oder Kuno) I. von Raitenbuch (1126–1132). Vgl. K. Hausberger (1989), I, S. 78–81.

[28] **auf den Brettern:** An der Ostseite des Krauterermarkts stand 1342 das Wirtshaus „Auf den Brettern". Dorthin wurde die Johanneskirche beim Dombau versetzt. Vgl. J. N. Schwäbel, Regensburgs Orts- und Straßennamen (1926), II, S. 262.

[29] **St. Michael:** St. Michael war die zweigeschossige Kapelle des Stiftsfriedhofs, die im frühen 19. Jahrhundert abgebrochen wurde. Vgl. F. Mader (1933/1981), Bd. II, S. 15.

[30] **Gebhardt I.:** Gebhard I. (995–1023), vgl. K. Hausberger (1989), I, S. 66–69.

[31] **Steinkreuz:** Gemeint ist die Predigtsäule des 14. Jahrhunderts in der Allee neben der Straße „Am Peterstor". Vgl. K. Bauer (1997), S.515f.

[32] **Steinbildwerk:** Das um 1360 entstandene Hochgrab des Heiligen Emmeram im Georgschor der Basilika. Vgl. P. Morsbach (1993), S.49.

[33] **Apolonius:** Falsche Überlieferung, vgl. Abtsliste bei M. Piendl (1986), S. 348.

[34] **Simprecht:** Sindpert (768?–791), vgl. K. Hausberger (1989), I, S.33.

[35] **Albrecht:** Adalbert I. (1149–1177). Vgl. M. Piendl (1986), S. 348.

[36] **Albrecht von Bittengaw:** Albert I. von Pietengau (1247–1259), vgl. K. Hausberger (1989), I, S.123–127.

[37] **Graf von Frontenhausen:** Konrad IV. von Teisbach und Frontenhausen (1204–1226), vgl. K. Hausberger (1989), I, S. 117–120.

[38] **Berchtoldt:** Berthold von Regensburg, gest.1272. Sein Grabstein befindet sich heute im Chor der Minoritenkirche.

[39] **Seyfridt:** Siegfried (1227–1246), vgl. K. Hausberger (1989), I, S.121–123.

[40] **Otto von Bamberg:** Richtig: Otto von Riedenburg (1061–1089), vgl. K. Hausberger (1989), I, S.74f.

[41] **erzählt wurde:** Raselius bezieht sich hier auf die Gründungslegende des Weih St. Peter-Klosters, die auch als Karls- oder Schottenlegende bekannt und in mehreren Fassungen bis ins 16. Jahrhundert verbreitet wurde. Der Heilige Marianus kam 1068 aus Schottland nach Regensburg und fand zunächst in Niedermünster Aufnahme. Gemeiner berichtet, daß sich dort noch eine Handschrift von ihm befinden soll (C.T. Gemeiner, I, (1800/1987), S. 176f.). Zur Schottenlegende: Pádraig A. Breatnach: Die Regensburger Schottenlegende – Libellus de fundacione ecclesie Consecrati Petri. Untersuchung und Textausgabe, München 1977.

[42] **Otto von Riedenburg:** Der Babone Otto von Riedenburg (seit 1112) gehört zu den Stiftern des Schottenklosters St. Jakob.

[43] **Bischof Hartwig:** Hartwig I. von Sponheim (1105–1126), vgl. K. Hausberger (1989), I, S. 76–78.

[44] **Kurreiterin:** J.C. Paricius (1753), II, S. 181 nennt als sechsundfünfzigste Äbtissin von Niedermünster: *Frau Anna von Kirmreith, erwählt 1569, starb 7.Oct. 1598, reg. 29 Jahr, 12 Wochen 2 Täge, ruhet bey S. Erasmi Altar.*

[45] **Graf von Roteneck:** Heinrich II. von Rotteneck (1277–1296), vgl. K. Hausberger (1989), I, S.186–189.

[46] **seiner Chronik:** Sebastian Franck: Chronica. Reprographischer Nachdruck der Ausgabe Ulm 1536, Darmstadt 1969. Hier S. CCLX.

[47] **wie ein Entwurf zeigt:** Wahrscheinlich handelt es sich um den in mehreren Varianten verbreiteten Holzschnitt mit der Präsentationszeichnung der Wallfahrtskirche zur Schönen Maria (1519/22) von Michael Ostendorfer (1492–1559). Vgl. dazu M. Angerer (1995), S.187f.

[48] **Sallern und Beratzhausen:** Zur Bedeutung der Orte für die Geschichte der Reformation in Regensburg: Wilhelm Volkert: Die Entstehung des reichsstädtischen Kirchenregiments in Regensburg, in: Hans Schwarz (Hrsg.): Reformation und Reichsstadt. Protestantisches Leben in Regensburg, Regensburg 1994, S.29–53.

[49] **Fässer voll lutherischer Bücher:** Ungebundene Bücher wurden im 16. und 17. Jahrhundert von Buchhändlern in Fässern transportiert.

[50] **Staufferhof:** Die spätgotische Anlage im Besitz des Rittergeschlechts von Stauf war bis 1617 ein „Freihaus", unterstand also nicht der reichsstädtischen Obrigkeit. Im späteren 19. Jahrhundert wurde das Eckgebäude am Schnittpunkt von Obermünsterstraße und Pfarrergasse abgebrochen. Vgl. dazu K. Bauer (1997), S.149f.

[51] **in Levitenröcken:** Als Leviten werden Priester bei feierlichen liturgischen Funktionen bezeichnet. Die Levitenröcke wurden in Regensburg 1555 abgeschafft. So Hans Schwarz: Die Reformation in Regensburg bis zur Konkordienformel, in: 1542–1992. 450 Jahre Evangelische Kirche in Regensburg, Regensburg 1992, S. 59–70, hier S. 68.

[52] **Doktor Hildtner:** Ratskonsulent Dr. Johannes Hiltner (1495?–1567), eine der Zentralfiguren der Reformation in Regensburg.

[53] **Herr M. Nopus:** D. Hieronymus Nopp aus Wittenberg. Vgl. H. Schwarz (1992), S.65.

[54] **Nicolaus Gallus:** Nicolaus Gallus (1516–1570). Vgl. H. Schwarz (1992), S.68

[55] **Bartholomeus Rosinus:** Superintendent; starb 1586. Vgl. C.G. Gumpelzhaimer, II (1837/1984), S.980.

[56] **Ministerium:** Das Ministerium bezeichnet das reichsstädtische Aufsichtsgremium über die Kirche nach der Reformation.

[57] **nur der Chor:** 1563 wurde das Langhaus der Dominikanerkirche als Predigtsaal okkupiert und die Kirche bis zur Erbauung der Dreieinigkeitskirche von beiden Konfessionen als Simultankirche genutzt. Vgl. 1542–1992. 450 Jahre Evangelische Kirche in Regensburg (1992), S.109.

[58] **Konrad V.:** Konrad VI. von Haimburg (1368–1381), vgl. K. Hausberger (1989), I, S. 195–198

[59] **Wörth:** Die bischöfliche Residenz Wörth an der Donau gehörte zum reichsunmittelbaren Hochstift.

[60] **Erhardt Heydenreich:** Die Marienfigur des damaligen Dombaumeisters Erhard Heydenreich wurde 1519 vor der Kapelle aufgestellt. Vgl. K. Bauer (1997), S.758f.

[61] **fortgebracht:** Vgl. C.T. Gumpelzhaimer, II (1837/1984), S.855f., der sich hier auf Gölgls Reformationsgeschichte und wohl auch die Stadtbeschreibung des Raselius stützt. Gumpelzhaimer schreibt: *Es geschah dieß nicht heimlich, sondern öffentlich, wie dieß der überaus genau unterrichtete Ratsherr Gölgel in seiner Chronik und Kirchengeschichte von Regensburg und noch andere gleichzeitige Schriftsteller umständlich darthun und übereinstimmend in ihren Manuscripten äußern.*

[62] **fuchsische Edelleute:** Die sogenannte „fuchsische Behausung", an deren Stelle heute das „Alumneum" steht (Am Ölberg 2). Vgl. K. Bauer (1997), S.292.

[63] **David Kölderer:** David Kölderer von Burgstall (1567–1579). Vgl. K. Hausberger (1989), I, S. 322–324.

[64] **Jakobshof:** Der Jakobshof lag unmittelbar vor den Mauern der arnulfinischen Stadtmauer (um 920 vollendet), wurde im 14. Jahrhundert im Zuge der westlichen Stadterweiterung integriert und schließlich 1803 mit Abbruch des Zeughauses und dem Bau des Theaters in zwei Plätze geteilt, die heute Arnulfsplatz und Bismarckplatz heißen (K. Bauer (1997), S. 371–384).

[65] **Kaiserturm:** Der Turm stürzte 1648 ein, wie Christoph Siegmund Donauer in seiner Chronik berichtet.

[66] **gegenüber dem Glockenturm:** Der „Pfälzer Hof" wurde 1655 freisinigisch und in der Folge als „Freisinger Hof" bezeichnet (Nachfolgegebäude heute Emmeramsplatz 9). Vgl. Denkmäler (1997), S 224.

[67] **Walderbacher Hof:** Ecke der Straße „Unter den Schwibbögen" und St. Georgen-Platz, Haus Nr. 6. Zeitweise „Pfälzer Hof". Vor der Aufhebung des Klosters Walderbach (am Regen) dessen Herberge. Vgl. dazu Denkmäler (1997), S. 503.

[68] **St. Gilgen-Platz:** Gebäude und Kirche des Deutschordenshauses St. Ägidius am Ägidienplatz 6. Vgl. Denkmäler (1997), S.18–22.

[69] **St. Leonhard:** St. Leonhard war tatsächlich eine wohl zwischen 1130 und 1276 gegründete Johanniterkommende. Vgl. A. Schmid (1995), S. 244.

[70] **St. Simonis und Judae:** Die 1052 geweihte Kapelle Simon und Juda, gelegen in einem „Schwibbogen", wohl einer Art Torhaus, das vom Rathaus zum gegenüberliegenden Haus (Neue-Waag-Gasse 1) reichte. Die Kapelle wurde 1606 mitsamt dem Schwibbogen abgebrochen. Vgl. dazu C.G. Gumpelzhaimer, II, (1837/1984), S.1037.

[71] **begonnen:** Bei diesem Satz wirkt die Syntax in der Handschrift BayStBib Cgm 3019 verderbt. Vermutlich wurde beim Abschreiben der Stelle eine Zeile übersprungen. Der Sinnzusammenhang läßt allerdings keine andere als die vorgeschlagene Interpretation zu. Zu Berichten über die Steinerne Brücke vgl. die Anthologie von E. Dünninger (1996), der auch den Text von Raselius aufgenommen hat.

[72] **Werkschuhe:** Das alte Längenmaß entspricht etwa einem Fuß.

[73] **Eidechse:** Erschlossen aus der lateinischen Fassung und weiteren deutschen Abschriften. Bei der vorliegenden Fassung in Cgm 3019 hat der Schreiber das Wort wohl nicht lesen können und daraus eine Eule (*ein Euel*) geformt.

[74] **Martersäule:** Das 1694 abgetragene Kruzifix in einer Nische an der Ostseite der Brücke. Vgl. K. Bauer (1997), S. 203.

[75] **Münster:** Sebastian Münster: Cosmographey, Basel 1588, Reprint München 1977, S. 903.

[76] **Geschichtsschreiber Dio:** Cassios Dio berichtet in seiner Römischen Geschichte, Buch 68, Kap.14 vom Brückenbau Trajans in Dacien: Cassius Dio: Römische Geschichte, Bd. 13, übers. von Leonhard Tafel, Stuttgart 1839, S. 1590–1592.

[77] **Peter Opel:** Das Stahlschießen von 1586 wurde als hochrangiges städtisches Repräsentationsereignis in einem prächtigen Tafelwerk von Peter Opel festgehalten. Vgl. dazu: K. Möseneder (1986), S. 78–82, 135–144 und 403–407.

[78] **Mönch von St. Emmeram:** Vgl. Anm. 7.

[79] **Matthäus:** In Matthäus, 22,15–22 versuchen die Pharisäer, Jesus mit der Frage nach der Rechtmäßigkeit von Steuerleistungen an den Kaiser eine Falle zu stellen.

[80] **Marcus Aurelius:** Diese Inschrift bei: Vollmer, Inscriptiones, 391. Ebenso: Aventin, hg. v. M. Lexer, Bd. 4,1 (1882), Bayerische Chronik Buch II, Kap. 49, S. 696f.

[81] **Bildnis Kaiser Heinrichs:** Eine Kopie dieser um 1290 entstandenen Königs-figur, deren Original sich im Stadtmuseum befindet, ist heute am verbliebenen südlichen Brückturm aufgestellt. Heute deutet man die Figur mehrheitlich als Abbild Kaiser Friedrichs II. (vgl. M. Angerer (1995), II, S.57f.). Sämtliche Ge-schichtswerke der frühen Neuzeit und wohl auch der Volksmund sahen in ihr aber eine Darstellung König Heinrich des Voglers, der auch in der Dollinger-sage eine große Rolle spielt.

[82] **Widersacher:** Philipp von Schwaben wurde 1208 in Bamberg von Pfalzgraf Otto von Wittelsbach ermordet.

[83] **Ein kleines Bildwerk:** Sitzfigur Philipps von Schwaben; Original im Stadt-museum; Kopie heute am Brückturm angebracht. Gleiches gilt auch für die weiteren hier erwähnten mittelalterlichen Skulpturen. Zu ihnen: M. Angerer (1995), II, S. 58–60.

[84] **Bischof Seyfridts:** Bischof Siegfried (1227–1246). Dazu K. Hausberger (1989), S.121–123. Siegfried wandte sich erst nach dem Konzil von Lyon 1245 von Friedrich ab, worauf dieser die bischöfliche Stadtherrschaft endgültig un-tergrub und der Stadt die Privilegien gewährte, die schließlich zur Reichs-freiheit führten. Das Grab ist heute nicht mehr auffindbar.

[85] **Albrecht von Pittigaw:** Vgl. Anm. 36.

[86] **Albert dem Großen:** Vgl. Anm. 26.

[87] **Bürgerssohn:** Leo Tundorfer (1262–1277). Vgl. K. Hausberger I, (1989), S. 130–135.

[88] **Heinrich von Rotteneckh:** Vgl. oben Anm. 21.

[89] **Conrad von Lupburg:** Konrad V. von Lupburg (1296–1313). Vgl. K. Haus-berger I, (1989), S.189f.

[90] **Albrecht Dürers:** Es handelt sich vermutlich um Albrecht Altdorfers „Mari-engeburt" (entstanden um 1520), das heute in der Alten Pinakothek in Mün-chen hängt. Eine spätere Kopie des Gemäldes befindet sich im Stadt-museum (vgl. Angerer, (1995), S.197f.).

[91] **Büchlein von Marianus:** Zur Vita des Gründers des ersten Regensburger Schottenklosters Weih St. Peter Marianus vgl. P.A. Breatnach (1977) (wie Anm. 41), S.47f.

[92] **aus römischem Mauerwerk:** Der heute noch fälschlich sogenannte „Römer-turm", dessen Grundmauern aus karolingischer Zeit stammen, war wohl der Bergfried der alten Herzogspfalz.

[93] **Von der Laiter:** Das Geschlecht der della Scala (Herren von der Laiter), nominelle Herren von Vincenza und Verona, wird 1488 in einem bei Gemeiner zitierten Ratsprotokoll erwähnt. Danach sei es damals im Besitz einer Freyung gewesen: Vgl. C.T. Gemeiner, III, (1821/1987), S. 766. Bereits 1415 erscheint ein Paulus von der Laiter als Schiedsrichter in Regensburg: Ebd., S.64.

[94] **Joseph Scaliger:** Joseph Scaliger (1540–1609) Humanist und Herausgeber antiker Texte; lebte seit 1593 in Leiden.

[95] **Totengedächtnis:** Vgl. Aventin, hg. v. M. Lexer, Bd.4,1 (1882), Bayerische Chronik Buch II, Kap.49, S. 698. Inschrift IBR 412. Der nächstgenannte Stein: Aventin, hg.v. M. Lexer, Bd.4,1 (1882), Bayerische Chronik Buch II, Kap. 49, S. 697f. Inschrift IBR 414.

[96] **Pfaffengasse:** Die heutige Schäffnerstraße, deren Bebauung durch die napoleonische Beschießung zum größten Teil zugrundeging.

[97] **Brucktor:** Vermutlich irrte Raselius hier in der Zuschreibung; es dürfte sich um das Peterstor gehandelt haben. Vgl. hierzu Richard Strobel: Die Stadtbefestigung an der Südost-Ecke von Castra Regina in nachrömischer Zeit, in: VHVOR 102 (1962), 209–223.

[98] **steinernes Bildwerk:** Raselius nennt eine frühe Steinskulptur, die am verschwundenen Alten Emmeramer Tor (am Südende der Oberen Bachgasse) aufgestellt war. Die Figur befindet sich heute im Stadtmuseum vgl. M. Angerer I (1995), S.153.

[99] **Brunnenkasten:** Der „Kurfürstenbrunnen" von 1578/79 steht heute im Innenhof des Schlosses Thurn & Taxis vor dem Bibliothekstrakt des ehemaligen Klosters. Die Kaiserfigur stellt Arnulf von Kärnten dar. Vgl. Denkmäler (1997), S.217.

[100] **silberner Sarg:** Der nach 1423 gestiftete silberne Reliquienschrein, der für die angeblichen Gebeine von Dionysius bestimmt war und erst 1659 die Emmerams-Reliquien aufnahm. Er wird heute unter der Mensa des Hochaltars aufbewahrt. Vgl. P. Morsbach (1993), S. 37 und Abbildung ebd., S.38f.

[101] **sehr altes Gemälde:** Nach dem Brand 1166 erhielt St. Emmeram ein romanisches Deckentabulat, das die gesamte Kirchendecke überzog. Zwischen 1609 und 1623 wurde es zerstört. Seine Tituli sind aber kopial überliefert. Über dem Presbyterium befand sich eine Abbildung aus der Apokalypse. Dazu: Josef Anton Endres: Romanische Deckenmalereien und ihre Tituli zu St. Emmeram in Regensburg, in: Ders.: Beiträge zur Kunst- und Kulturgeschichte des mittelalterlichen Regensburg, hg. v. Karl Reich, Regensburg 1924, S.90–112.

[102] **Tuto:** Tuto (894–930). Vgl. K. Hausberger (1989) I, S.40. Bei der Kanzlerschaft Tutos unter Arnulf handelt es sich vermutlich um eine Emmeramer Legende.

[103] **Tafelbild:** Gemeint ist Albrecht Altdorfers Gemälde „Die beiden Johannes", das zur Zeit von Raselius in St. Emmeram hing, später in den Besitz des Katharinenspitals gelangte und sich seit 1968 im Stadtmuseum Regensburg befindet (vgl. M. Angerer (1995), S.194f.). Raselius hat für sein Kircheninventar offenbar das Emmeramer Schatzverzeichnis von Ambrosius Mayrhofer als Vorlage benutzt (ediert bei: Bernhard Bischoff: Mittelalterliche Studien. Ausgewählte Aufsätze zur Schriftkunde und Literaturgeschichte, Bd. II, Stuttgart 1967, S.143–155). Bei der erwähnten Stiftung des Altdorfer-Gemäldes durch einen „Doktor und Kanonikus" liegt ein Lesefehler von Raselius vor. Für diese freundliche Mitteilung danke ich Professor Dr. Franz Fuchs, Regensburg.

[104] **Weiß:** Hieronymus I. Weiß (1583–1609), Abt von St. Emmeram.

[105] **Jungfrau:** Ein um 1330 gefertigtes Grabmal, das nach einer Emmeramer Legende die selige Aurelia darstellen soll. Es befindet sich heute im nördlichen Seitenschiff. Raselius schließt sich in seiner Darstellung der Kritik dieser Legende bei Aventin an.

[106] **St. Andreas-Kapelle:** Die Andreaskapelle befand sich im Klosterbereich nahe der Stadtmauer. Vgl. K. Bauer (1997), S. 163.

[107] **Benediktskapelle:** Die Benediktus-Kapelle befand sich an der Stelle des Eckjoches im Kreuzgang zwischen Ost- und Nordflügel. Vgl. M. Piendl (1986), S.214–218. Die Bilder hängen heute in der Sakristei. Vgl. ebd., S.186.

[108] **Bocksberger:** Gemeint ist der Fassadenmaler Melchior Bocksberger (um 1530/35 – nach 1583), der auch die Fassade des Alten Rathauses bemalt hatte. Bocksberger malte im Kreuzgang Figuren aus dem Alten und Neuen Testament. Vgl. M. Angerer (1995), S.137–139 und C.G. Gumpelzhaimer II (1837/1984), S.950.

[109] **Graf Babo:** Der mit vielen Kindern gesegnete Stammvater der Babonen steht im Zentrum einer verbreiteten altbayerischen Adelssage.

[110] **Georg aus Mähren:** Diese Grablegen, auch die des merowingischen Königs Childerich, gehören allesamt zur Emmeramer Legendenbildung. Vgl. A. Schmid (1976), S.368f.

[111] **das weithin berühmte Buch:** Der „Codex Aureus" Karls des Kahlen (um 870). Arnulf von Kärnten schenkte 893 das Werk ans Kloster St. Emmeram, zu dessen wichtigsten Schätzen es bis zur Säkularisation gehörte. Heute befindet sich der Codex in der Bayerischen Staatsbibliothek in München.

[112] **Altho Thunstainer:** Alto von Tannstein (1358–1385), Abt von St. Emmeram.

[113] **Altärlein:** Das sogenannte „Arnulfsziborium", ebenfalls eine Stiftung Arnulfs von Kärnten für St. Emmeram. Heute befindet es sich in der Schatzkammer der Residenz in München.

[114] **Darunter:** Gemeint ist die 980 geweihte Ramwoldkrypta, die freilich nicht direkt unter dem Ostchor liegt, sondern noch östlich der Emmeramskrypta, welche die Apsidenmauern umgibt.

[115] **Ramwold:** Ramwold (972–1001), Abt von St. Emmeram.

[116] **Brustbild:** Das heute in der Vorhalle der Kirche aufgestellte Epitaph stammt vom coemiterium nobilium des Klosters und orientiert sich formal an einem Holzschnitt zum Epitaph für Conrad Celtis. Vgl. P. Morsbach (1993), S.52.

[117] **sehr alte Gräber:** Die Verwirrung über die angeblich in St. Emmeram begrabenen Herzöge mit dem Namen Heinrich zieht sich durch die gesamte Emmeramer Tradition: Vgl. A. Schmid (1976), S.365f.

[118] **Reginwart:** Reginwart (1048–ca. 1060), Abt von St. Emmeram. Zur 1049 begonnenen Kirchenvorhalle und der Abbildung Reginwards als Stifter vgl. P. Morsbach (1993), S.16f.

[119] **Verräterei:** Der Inschriftenstein an der Zwingerwand befindet sich jetzt im Hof des St. Josefs-Heims, Ägidienplatz 6.

[120] **an der Zwingermauer:** Text bei R. Strobel (wie Anm. 97), S. 216. Die Tafel befindet sich heute im Erdgeschoß des Anwesens Stahlzwingerweg 15.

[121] **Löwen**: Die heute noch außen am Prebrunntor angebrachte Inschrift. Text: R. Strobel (wie Anm. 97), S. 215.

[122] **Landskron**: Der Geiersberg heißt heute Dreifaltigkeitsberg und gehört zum nördlich der Donau gelegenen Stadtteil Steinweg. Im 19. Jahrhundert sollen noch Mauern des Festungsbaus sichtbar gewesen sein. Vgl. A. Schmid (1995), S. 105f.

[123] **kundige Menschen**: Die Inschrift an Turm drei der Stadtmauer befindet sich noch heute am Gebäude Herrenplatz 2. Text bei K. Bauer (1997), S. 487. Trotz seines Lobs früherer Lateinkenntnisse hat Raselius sich hier verlesen; der Kammerer hieß Gompertus an der Haide.

[124] **Kammerer und Ratsmitglied**: Die Auer besaßen große Besitzungen und Gerechtsame in der Stadt (C.T. Gemeiner, II (1803/1987), S.170 und öfter). Die Krazer, Chrazzer oder Krazzer waren eine der ältesten und reichsten Familien und gerade im 14. Jahrhundert besonders mächtig. (C.T. Gemeiner, II (1803/1987), S.126f.) Baldwin von Barbing war um die Wende vom 13. zum 14.Jahrhundert Bürgermeister von Regensburg (C.T. Gemeiner, I (1800/1987), S.432 und öfter).

[125] **Stein über dem Ostentor**: Dieser Stein befindet sich heute in der Durchfahrt des Ostentors. Text bei R. Strobel (wie Anm. 97), S.214.

[126] **zwischen beiden Toren**: Die Lücke befindet sich im Manuskript. Die Inschrift ist heute nicht mehr vorhanden. Es dürfte sich um die Tafel gehandelt haben, die noch Schuegraf kannte. Die Lücke wäre dann durch „Pfingsten" zu ersetzen. Text bei R. Strobel (wie Anm. 97), S.214.

[127] **St. Albani**: Die Kapelle befand sich am nördlichen Ausgang der heutigen St. Albans-Gasse, nahe der donauseitigen Stadtmauer. 1552 wurde sie abgebrochen, um die Stadtmauer zu erhöhen. Vgl. K. Bauer (1997), S. 230.

[128] **ein Schloß**: Die Burg Albrechts in der Westnerwacht, vielleicht an der Stelle des heutigen Herrenplatzes. Alois Schmid situiert sie in Übereinstimmung mit Raselius außerhalb der Stadtmauer vor dem Prebrunntor: A. Schmid (1995), S.182f.

[129] **in Stein gehauen**: Heute an der Gartenmauer des Anwesens Stahlzwingerweg 25. Vgl. dazu R. Strobel (wie Anm. 97), S.218 und K. Bauer (1997), S.492f.

[130] **St. Leonhard**: Raselius meint die Johanniterordenskommende St. Leonhard. Vgl. oben Anm. 69.

[131] **ihre Herberge**: Hier hat der Schreiber von Cgm 3019 offenbar eine Zeile ausgelassen, die sinngemäß ergänzt wurde. Die leicht modernisierte Version der Handschrift Thurn & Taxis Hofbibliothek R. 454, S. 129 (Anfang 18. Jahrhundert) hat folgenden Text: Gegenüber dem Jakobskloster, im großen Haus bei der Predigerkirche hielt sich 1556 König Ferdinand auf, der Bruder Kaiser Karls V. 1594 logierte dort der Kurfürst von Trier, woran noch die Wappen erinnern. Im Auerhaus neben der Neuen Uhr, das jetzt dem Herrn Konsulenten Thillens gehört, wohnte im Jahr 1294 Kaiser Adolf [von Nassau], was an seinem Ort gemeldet werden soll. 30 Jahre später, 1594, lag dort die landgräflich-hessische Botschaft.

[132] **Frau Bertha**: Bertha, Tochter Markgrafs Leopolds III. von Österreich und Gemahlin des Burggrafen Heinrich III. von Regensburg, die gegen 1150 starb und nach dem Zeugnis Gemeiners in St. Jakob begraben liegt. Vgl. C.T. Gemeiner, I (1800/1987), S. 253.

[133] **Geschichtsschreibers von Freising**: Otto von Freising (1138–1158).

[134] **Begräbnisstätte der Paulsdorfer**: Die Paulsdorferkapelle südlich des Chores der Minoritenkirche. Die Paulsdorfer von Kürn hatten die Schirmvogtei über das Regensburger Minoritenkloster inne: Vgl. C.T. Gemeiner, III (1821/1987), S.28f.

[135] **Siegel und Urkunden**: Noch 1642 erging an den Magistrat die Aufforderung, er möge den ältesten Messerschmied in Regensburg dazu anhalten, die gewöhnlichen Lehen aus der Herrschaft Kürn zu empfangen und als Zeichen dafür einen Schleifstein in seinem Laden aufzuhängen. Dies verlangte der Beauftragte des Fürsten Lobkowitz, der damals die Besitzung Kürn innehatte. Vgl. dazu C.G. Gumpelzhaimer, III (1838/1984), S.1278f.

[136] **Bocksberger**: Melchior und Hans Bocksberger arbeiteten seit 1564 auch an der Bemalung der Rathausfassade mit einem monumentalen Bildprogramm. Vgl. oben Anm. 108.

[137] **gefällige Ansicht**: Möglicherweise bezieht sich Raselius auf einen Kupferstich, der den Reichstag Kaiser Rudolfs II. (1597/98), also kurz vor Abfassung der Stadtbeschreibung, darstellt. Abbildung bei Martin Angerer: Das Reichstagsmuseum und die Räume des Alten Rathauses, in: Rathausführer. Altes Rathaus und Reichstagsmuseum (= Regensburger Taschenbücher Nr.1), Regensburg 1992, S.22–55.

[138] **auf einer schwarzen Tafel**: Die Tafel hängt heute über dem Eingang zum Kurfürstenzimmer. Ein fast wörtlich gleichlautender Mahnspruch, ebenfalls auf einer schwarzen Tafel (von 1590), befindet sich im Rathaus von Amberg.

[139] **feiner Künstler**: Das Gemälde „Das gute Regiment" (1592) von Isaac Schwendner hängt heute im Kurfürstlichen Kollegium des Alten Rathauses.

[140] **ein großes, hohes Haus**: Das Dollingerhaus (ehemals Rathausplatz 3) mußte 1889 einem Neubau weichen. Beim Abbruch des Hauses 1889 konnten die Figuren nur teilweise gerettet werden. Die im heutigen Dollingersaal (im Rathauskomplex) angebrachten Figuren sind Gipsabgüsse; nur die Architekturteile stammen vom Ursprungsort. Vgl. Karl Heinz Göller, Herbert W. Wurster: Das Regensburger Dollingerlied, Regensburg 1980. Hier sind auch alle noch vorhandenen Überreste (Figuren, Klapptafel, Turniersattel der Paulsdorfer) beschrieben, die sich heute alle im Stadtmuseum befinden.

[141] **lautet so**: Zeilensprung und Einteilung der Absätze original.

[142] **den ersten Teil dieses Büchleins**: Raselius schließt hier noch eine Kurzzusammenfassung der folgenden Chronik an. Er beginne mit dem zweiten Teil, „nämlich mit dem Zeitregister, in welchem seit Christi, unseres Herren, Geburt in verschiedene Kapitel geordnet nacheinander berichtet wird, was diese Stadt zu jeder Zeit für Herren gehabt hat, ehe sie zur freien Reichsstadt wurde, wann dies geschehen sei, was sich zuvor und danach bis auf unsere Zeit Denkwürdiges hier und im Umkreis der Stadt zu Zeiten von Frieden und Unfrieden, insbesondere auf den hier abgehaltenen Reichstagen und ansonsten begeben und zugetragen hat. Das habe ich zumeist aus dem Aventin und von anderen glaubwürdigen Geschichtsschreibern (*historicis*) sorgfältig zusammengestellt."

Weiterführende und mehrfach zitierte Literatur und Quellen

1542–1992. 450 Jahre Evangelische Kirche in Regensburg, Regensburg 1992

Martin Angerer, Heinrich Wanderwitz, Eugen Trapp: Regensburg im Mittelalter. Katalog, Regensburg 1995

Josef. Auer: M. Andreas Raselius Ambergensis, sein Leben und seine Werke. Eine Studie (= Beilage zu den Monatsheften für Musikgeschichte), Leipzig 1892

Karl Bauer: Regensburg. Kunst-, Kultur- und Alltagsgeschichte, 5., erweiterte Ausgabe, Regensburg 1997

Denkmäler in Bayern Bd. III. 37: Stadt Regensburg. Ensembles – Baudenkmäler – archäologische Denkmäler, hrsg. v. Anke Borgmeyer u.a., Regensburg 1997

Eberhard Dünninger: Weltwunder Steinerne Brücke. Text und Ansichten aus 850 Jahren, Amberg 1996

Carl Theodor Gemeiner: Regensburgische Chronik, 4 Bde. hg. v. Heinz Angermeier, München (Regensburg) 1987 (1800–1824)

Christian Gottlieb Gumpelzhaimer: Regensburg's Geschichte, Sagen und Merkwürdigkeiten von den ältesten bis auf die neuesten Zeiten, in einem Abriß aus den besten Chroniken, Geschichtsbüchern und Urkundensammlungen dargestellt. 4 Bände, Reprint Regensburg (1984) (1830–1838)

Karl Hausberger: Geschichte des Bistums Regensburg, 2 Bände, Regensburg 1989

Andreas Kraus: Civitas Regia. Das Bild Regensburgs in der deutschen Geschichtsschreibung des Mittelalters, Kallmünz 1972

Felix Mader: Stadt Regensburg, 3 Bände (= Die Kunstdenkmäler von Bayern, XXII) Reprint München, Wien (München) 1981 (1933)

Peter Morsbach: St. Emmeram zu Regensburg. Ehem. Benediktiner-Abteikirche (= Große Kunstführer, Bd. 187), Regensburg 1993

Karl Möseneder: Feste in Regensburg. Von der Reformation bis in die Gegenwart, Regensburg 1986

Johann Carl Paricius: Allerneueste und bewährte Nachricht von der des Heil. Röm. Reichs Freyen Stadt Regensburg sammt allen Merckwürdigkeiten, welche den alten und neuen Zustand derselben in politischen und Kirchen-Sachen betreffen, und zugleich die ansehnlichsten Gebäude dieser Stadt in schönen Kupfferstichen darstellen. Denen Innwohnern und Liebhabern zum beliebigen Ersehen und Andencken, denen Fremden aber zum nützlichen Behuff ihrer Adresse herausgegeben, Regensburg 1753

Max Piendl: St. Emmeram in Regensburg. Die Baugeschichte seiner Klostergebäude, in: Ders. (Hrsg.): Beiträge zur Baugeschichte des Reichsstifts St. Emmeram und des fürstlichen Hauses in Regensburg (= Thurn und Taxis-Studien, Bd. 15), Kallmünz 1986, S. 133–353

Alois Schmid: Die Herrschergräber in St. Emmeram zu Regensburg, in: Deutsches Archiv zur Erforschung des Mittelalters 32 (1976) 333–369

Alois Schmid: Regensburg. Reichsstadt – Fürstbischof – Reichsstifte – Herzogshof (= Historischer Atlas von Bayern. Teil Altbayern, Heft 60), München 1995

Johannes Turmaier (Aventinus): Von dem herkommen der statt Regenspurg, in: Johannes Turmairs genannt Aventins Sämmtliche Werke, hg. v. Matthias Lexer, Bd.1, München 1881, S.257–297

Johannes Turmaier (Aventinus): Bayerische Chronik, in: Johannes Turmairs genannt Aventins Sämmtliche Werke, hg. v. Matthias Lexer, Bd. 4, München 1882/1883, S. 237–258

Friedrich Vollmer: Inscriptiones Bavariae Romanae sive Inscriptones Prov. Raetiae adiectis aliquot Noricis Italicisque, München 1915 (= IBR)

Peter Wolf: Historische Exkursionen um 1600. Die Stadtchroniken von Andreas Raselius und Hieremias Grienewaldt, in: Helmut-Eberhard Paulus, Kurt Reidel, Paul W. Winkler (Hrsg.): Regensburg im Licht seines geschichtlichen Selbstverständnisses. Bildliche Selbstdarstellung einer historischen Stadt durch Kunst, Literatur und Denkmalpflege in Geschichte und Gegenwart (= Regensburger Herbstsymposion zur Kunstgeschichte und Denkmalpflege, Bd. 3), Regensburg 1997, S.101–108

Peter Wolf: Bilder und Vorstellungen vom Mittelalter. Regensburger Stadtchroniken der frühen Neuzeit (= Frühe Neuzeit, Bd. 49), Tübingen 1999

Herbert W. Wurster: Die Regensburger Geschichtsschreibung im 17. Jahrhundert. Historiographie im Übergang vom Humanismus zum Barock, in: Verhandlungen des Historischen Vereins für Oberpfalz und Regensburg, 119, 120 (1979, 1980) 7–75, 79–120